\ 読まずにわかる /

こあら式

英語の

JN039817

図鑑

🐨 こあらの学校

@KoalaEnglish180

KADOKAWA

みなさん、こんにちは。こあらの学校のこあたんです。私は Twitter や Instagram などの SNS を通して、英語を楽しく学べるイラストを毎日欠かさず発信しています。特に Twitter は大好評を頂いており、配信開始から約 1 年で 20 万人以上もの方にフォロー頂くことができました。みなさん、いつも本当にありがとうございます。

私はもともと英語が得意だったわけではなく、20 歳までは日本から出たことすらありませんでした。大学生の頃に初めての海外経験となるカナダ留学に挑戦しましたが、最初の頃はスーパーのレジのお姉さんの "How are you?" すら聞き取れず、とても苦労しました。何度も何度も失敗して落ち込んで、それでも一生懸命に勉強して、今では英語を使ってオーストラリアの会社で働いています。

留学中にとてもラッキーだったのは、素晴らしい英語の先生に出会えたことです。彼はホワイトボードに描いたかわいいイラストと楽しいジェスチャー、そして必要最低限の簡単な英語だけを使って、非ネイティブには理解しづらい英語のニュアンスを非常にわかりやすく教えてくれました。彼からは英語だけでなく、視覚的に表現することの大切さを

学び、今でも様々な国籍の方々と一緒に仕事をする上で大変役に立っています。もちろん、私が毎日発信しているコンテンツも、彼から学んだことがベースになっています。

　もともと英語が苦手だった私だからこそ、英語が苦手な方の気持ちは痛いほどよくわかります。この本は、英語が苦手な方の気持ちに徹底的に寄り添うことを心掛けて作りました。英語のニュアンスの違いを説明する書籍はたくさんありますが、難しい説明を読まなくても一目でニュアンスが理解できることが、この本の最大の特徴です。一般的な活字メインの学習書ではなかなか継続できない方でも、パラパラとページをめくって眺めるだけで楽しく学ぶことができるようになっています。

　英語をマスターすると、本当に世界が変わります。世界中に友達ができること、海外の音楽や舞台を楽しめること、世界を舞台に仕事ができること。人生の選択肢が増えることで、より豊かで楽しい世界が広がっています。私にはできないと諦めてしまっている方も、これまで何度も挫折してしまった方も、この本をきっかけに、もう一度チャレンジしてみてください。大丈夫、あなたにもできますよ。

こあらの学校校長　こあたん

Contents

第2章 動詞

第3章 助動詞

第4章 形容詞

第5章 副詞

第6章 前置詞・接続詞

Staff

デザイン	山田知子（chichols)
イラスト	kicori
英文監修	Brooke Lathram-Abe
編集協力	余田志保（つばめパブリッシング） 深谷恵美
校正	鷗来堂
DTP	山本秀一＋山本深雪（G-clef)

①英語のニュアンスが一目でわかるイラスト

英単語と
それぞれの意味
の違いを知る

イラストで
違いを覚える

違いがわかりにく
い表現が
グラデーションで
一目瞭然!

③かわいい
キャラクターで
英語を学ぶ

こあたん
コアラの男の子

②すぐにぱっと理解できる1項目1見開き構成

相関関係が
すぐに理解できる
表形式

単語と意味と例
文が一度にわか
る

るーたん
カンガルーの女の子

かわいすぎて
どんどん学べる

第 **1** 章

名詞

名詞とは、「コアラ」や「話すこと」など、文の主語にすることができる言葉のことです。英語の名詞を学習するときに注意すべきポイントは 2 つあります。1 つ目は単数形・複数形について。2 つ目は、数えられる名詞（可算名詞）・数えられない名詞（不可算名詞）についてです。なお、数えられる名詞には冠詞（a [an], the）を付けることが多いので、本章では冠詞の基礎についても触れていきます。かわいいイラストと例文で楽しく学習を始めましょう！

shop / store の違い

shop
製造や加工も行っているお店

flower shop
生花店

bike repair shop
自転車修理店

barber shop
理髪店

coffee shop
コーヒーショップ

他 の 例

sandwich shop（サンドイッチ店）、**ice cream shop**（アイスクリーム店）

上記が代表的な使い分けとなりますが、shop は専門店、store はいろいろな商品を売っているお店という使い分けもあります。

shop と store は、どちらも「お店」と覚えている方が多いはず。しかし両者には、実は微妙な違いがあるのです。基本単語だけど侮れない、名詞の使い分けの奥深さに触れていきましょう。

store
商品を売るだけのお店

bookstore
書店

department store
デパート

convenience store
コンビニ

liquor store
酒店

他の例

variety store（雑貨店）、**drugstore**（ドラッグストア）

shop は「仕事場」や「職場」という意味で使われることもあります。
store は「蓄える」という意味の動詞としても使われます。

1 名詞
2 動詞
3 助動詞
4 形容詞
5 副詞
6 前置詞・接続詞

house / home の違い

house
家
（建造物としての家屋）

The koala is in the house.
コアラは家の中にいる。

house は素材が集まってできた建造物としての家を指します。「家の中に」と言う場合は in the house となり、冠詞の the が付くことに注意しましょう。

house と home は共に、誰でも知っている超基本的な単語ですが、両者の
ニュアンスは大きく違います。日本人が勘違いしやすいポイントにフォーカスし
てご紹介します。

home
自宅、家庭
（普段生活している場所）

The koala is at home.
コアラは自宅にいる。

home は生活している場所としての家を意味します。「家の中に」と言う場合は at
home となり、冠詞の the は付かないことに注意してください。

present / gift の違い

present

感謝、愛情をこめた贈り物

（個人間のもの、カジュアルなもの）

I'm going to give her a present.

彼女にプレゼントをあげるつもりだ。

birthday present（誕生日プレゼント）
Christmas present（クリスマスプレゼント）

birthday[Christmas] gift とも言えますが、その場合フォーマルな響きになります。

贈り物といえば、誕生日祝い、お中元やお歳暮まで様々。実は、ネイティブはこういった贈り物を表現するとき、present と gift を使い分けています。どのように違うのかを見ていきましょう。

gift
価値が高い贈り物
（組織間のもの、フォーマルなもの）

I gave my teacher a thank you gift.
先生に感謝のギフトをさしあげた。

midyear gift（お中元）
year-end gift（お歳暮）

gift には「才能」という意味もあります。

1 名詞

2 動詞

3 助動詞

4 形容詞

5 副詞

6 前置詞・接続詞

game / match の違い

game
団体戦の試合

baseball
野球

basketball
バスケットボール

American football
アメリカンフットボール

ultimate
アルティメット

他の例

softball（ソフトボール）、dodgeball（ドッジボール）、lacrosse（ラクロス）

game と match は基本単語ですが、意外と区別が難しいもの。ここではアメリカ英語における両者の違いを紹介します。なお、イギリス英語ではアメフトなどアメリカ起源のものは game、それ以外は一般的に match を使います。

match
個人戦の試合

tennis
テニス

table tennis
卓球

golf
ゴルフ

boxing
ボクシング

他 の 例

judo（柔道）、**karate**（空手）、**sumo**（相撲）、**fencing**（フェンシング）

上記が代表的な使い分けですが、1点を競うスポーツの試合を game、複数のセットで勝敗を分けるスポーツの試合を match と言うこともあります。

1 名詞
2 動詞
3 助動詞
4 形容詞
5 副詞
6 前置詞・接続詞

reservation / appointment の違い

reservation
席や場所の予約
（部屋・座席・切符などを予約する場合）

restaurant
レストラン

hotel
ホテル

golf course
ゴルフ場

seat
座席

I'd like to make a reservation for three people at 6 p.m.

午後6時に3人で予約をお願いいたします。

「リザーブする」「アポを取る」などと日本語化しているので、それぞれの単語の意味を知っている方は多いかも。しかし、何を予約／約束するのかによって使い分けが必要なので注意しましょう。

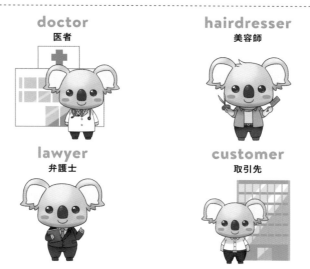

appointment
人と会う約束
（日時・場所を決めて、専門家や取引先などと会う場合）

doctor
医者

hairdresser
美容師

lawyer
弁護士

customer
取引先

I scheduled a doctor's appointment at 2 p.m.

午後2時に医者の予約をしました。

1 名詞

2 動詞

3 助動詞

4 形容詞

5 副詞

6 前置詞・接続詞

客を表す名詞

customer
（買い物客・顧客・取引先など広く）客

The customer **is always right.**
お客様は神様です。

guest
招待客

Here is the guest **list.**
こちらが招待客リストです。

visitor
訪問客

We had visitors **from Australia yesterday.**
昨日オーストラリアからの訪問客があった。

passenger
乗客

Are the passengers **all on board?**
乗客はみなさん乗っていますか?

audience
（映画・演劇・コンサートの）観客

A large audience **gathered in the hall.**
ホールに大勢の観客が集まった。

spectator
（スポーツの試合などの）観客

The spectators **watched the soccer game from the stands.**
観戦客はスタンドからサッカーの試合を見た。

一口に「客」といっても「買い物客」や「旅行客」、「観客」など、色々な言葉がありますよね。英語でも客を表す単語は様々です。まずは customer, guest, visitor あたりの基本単語からしっかり押さえましょう！

tourist
観光客

Many tourists from every part of the world visit Sydney.
世界各地から多くの観光客がシドニーを訪れる。

client
顧客

You should call the client now.
今、顧客に電話するべきだよ。

patient
患者

Dr. Koala has a lot of patients.
こあら医師は多くの患者を抱えている。

shopper
お店（オンライン含む）の買い物客

Online shoppers account for more than 50% of Koala Company's sales.
オンラインの買い物客がこあら社の売上の半分以上を占めている。

diner
レストランで食事をする客

There are many diners at the Koala Restaurant.
こあらレストランには多くの客がいる。

prospect
見込み客

Koala Company is reaching out to new prospects.
こあら社は新たな見込み客を獲得しようとしている。

料金を表す名詞

fare
交通機関の運賃

----

bus fare（バスの運賃）
train fare（電車賃）

admission
入場料・入館料

----

free admission（入場無料）
museum admission（博物館入館料）

fine
罰金

----

parking fine（違法駐車の罰金）
traffic fine（交通違反の罰金）

rate
ガスや水道などの料金

----

utility rates（公共料金）
telephone rates（電話料金）

「電車賃」、「公共料金」、「通行料」、「家賃」など日常的に支払うものから、できれば支払いたくない「罰金」まで…! 色々な「料金」を表す単語をご紹介します。日常生活でよく使う fare や rent はしっかりと覚えておきたいですね。

fee
授業料、謝礼など
----
school fees（授業料）
lawyer's fees（弁護料）

rent
家賃・賃借料
----
ground rent（地代）
two months' rent（2ヵ月分の家賃）

toll
通行料
----
toll bridge（通行料がかかる橋）
toll road（有料道路）

charge
使用料、手数料、サービス料など
----
hotel charges（ホテルの料金）
service charges（手数料）

単数形・複数形が混在していますが、ネイティブが使う際に一番自然な形を採用しています。

1 名詞

2 動詞

3 助動詞

4 形容詞

5 副詞

6 前置詞・接続詞

不規則な複数形

複数形の作り方の基本ルール

❶ 語尾に-sをつける。

book 本 ▶ **book**s

❷ 語尾が-s、-ch、-sh、-x、-oで終わる単語には、-esをつける。

class クラス ▶ **class**es　　**lens** レンズ ▶ **lens**es

dish 皿 ▶ **dish**es　　　　　**watch** 腕時計 ▶ **watch**es

ただし例外もあり、-o で終わる語は、-s または -es をつける。
例：tomato → tomatoes（トマト）kangaroo → kangaroos（カンガルー）

❸ 〈子音字＋-y〉で終わる語は、yをiに変えて-esをつける。

library 図書館 ▶ **librar**ies

複数形になっても形が変わらないもの

carp
鯉

salmon
鮭

sheep
羊

deer
鹿

species
種類

Japanese
日本人

craft
船舶

spacecraft
宇宙船

「名詞を複数形にするときは -s をつける」というルールがありますが、実は全く違う形になるものや、複数形になっても形が変化しないものもあります。ここではよく使うものを厳選してご紹介します！

不規則に変化するもの

man ► men
男性

woman ► women
女性

child ► children
子ども

leaf ► leaves
葉

tooth ► teeth
歯

foot ► feet
足

goose ► geese
ガチョウ

mouse ► mice
ねずみ

1 名詞

2 動詞

3 助動詞

4 形容詞

5 副詞

6 前置詞・接続詞

1-9 複数形

基本的に複数形で使う名詞

clothes 服	pajamas パジャマ	gloves 手袋
jeans ジーンズ	shorts ショートパンツ	pants ズボン
tights タイツ	socks 靴下	shoes 靴
glasses 眼鏡	sunglasses サングラス	binoculars 双眼鏡

名詞には、1つしかなくても複数形で使われるものがあります。刃が2枚セットになっているハサミ、レンズが2つあるサングラスなど、基本的に複数のものがセットになって1つの役目を果たす場合は、複数形で使うことを覚えておきましょう。

headphones
ヘッドホン

earphones
イヤホン

goods
商品

scissors
ハサミ

clippers
爪切り

tongs
トング

scales
はかり

greens
青野菜

lyrics
歌詞

archives
公文書

savings
預金

outskirts
郊外

1 名詞

2 動詞

3 助動詞

4 形容詞

5 副詞

6 前置詞・接続詞

複数形になると
意味が変わる名詞

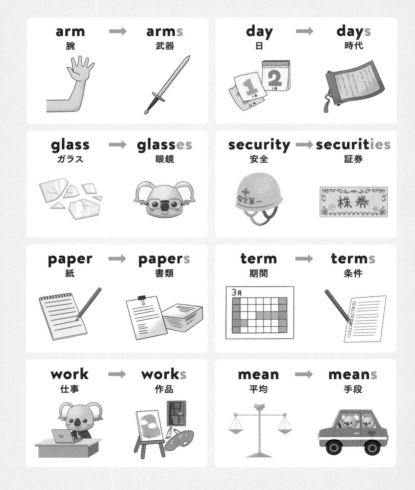

arm → arms
腕 → 武器

day → days
日 → 時代

glass → glasses
ガラス → 眼鏡

security → securities
安全 → 証券

paper → papers
紙 → 書類

term → terms
期間 → 条件

work → works
仕事 → 作品

mean → means
平均 → 手段

名詞の中には、単数形と複数形で意味が異なるものがあります。ここでは、その中で代表的なものを集めました。glass / glasses, paper / papers あたりは単数形・複数形のどちらも日常生活でよく使う単語なので、特に注意して覚えたいですね。

wood → woods
木材　　林

look → looks
見ること　見た目

people → peoples
人々　　民族

custom → customs
習慣　　税関

manner → manners
方法　　礼儀

force → forces
力　　軍隊

minute → minutes
分　　議事録

value → values
価格　　価値観

1 名詞
2 動詞
3 助動詞
4 形容詞
5 副詞
6 前置詞・接続詞

基本的な不可算名詞 の覚え方

手でつかめ ないもの

（液体・気体など）

water 水	**gas** ガス

wine ワイン	**steam** 蒸気

他の例

coffee（コーヒー）
air（空気）
oil（油）

物体として 存在しないもの

（概念・感情など）

happiness 幸せ	**fear** 恐怖

time 時間	**safety** 安全

他の例

peace（平和）
music（音楽）
life（人生）

英語には日本語と違い、数えられる「可算名詞」と、数えられない「不可算名詞」があります。基本的には、一部を切り取っても性質が変わらないものは不可算名詞です。ここでは4つに分類して頭の中を整理してみましょう。

切っても性質が変わらない固体

（原料・食べ物など）

ice
氷

cotton
綿

cheese
チーズ

beef
牛肉

他 の 例

butter（バター）
bread（パン）
cake（カットケーキ）

ものによって形が異なるもの

（まとめて述べる総称）

furniture
家具

money
お金

clothing
衣類

luggage
手荷物

他 の 例

machinery（機械類）
baggage（手荷物）
equipment（設備）

1 名詞
2 動詞
3 助動詞
4 形容詞
5 副詞
6 前置詞・接続詞

他の意味を持つ名詞

動詞としても使える名詞

house
家を提供する

bed
寝かせる

people
人を住まわせる

google
ググる、調べる

ship
輸送する

helicopter
ヘリで運ぶ

microwave
レンジで温める

fire
クビにする

skin
皮をむく

model
手本とする

dress
服を着る

gas
ガソリンを入れる

名詞として使うことが多い単語が、動詞としても使われる例は多くあります。
名詞の意味に関連した意味の動詞になることが多いので、関連付けて覚え
ておきましょう。

season
味付けする

salt
塩で味付けする

elbow
肘で突く

toast
乾杯する

map
地図を作る

water
水を撒く

bottle
瓶詰めする

ice
凍らせる

nut
木の実を拾う

e-mail
メールを送る

text
テキストを送る

address
演説する

1 名詞

2 動詞

3 助動詞

4 形容詞

5 副詞

6 前置詞・接続詞

1-13 冠詞

冠詞の基本的な選び方

START!

特定の名詞を指す？
もしくは
それまでの会話・文で既に登場している単語？ — YES

NO ↓

複数形？
もしくは不可算名詞？ — YES → 肯定文？ — YES / NO

NO ↓

母音の発音で始まる？

YES → **an**　An easy-going koala is climbing a tree.
あるのんきなコアラが木に登っている。

NO → **a**　A koala is climbing a tree.
あるコアラが木に登っている。

冠詞（a / an, the）は日本語にはない概念なので理解が難しいですが、ここでは基本的なポイントに絞って冠詞の選び方を質問形式でまとめました！ 冠詞の代わりに名詞の前に来ることがある some, any も一緒に学習しましょう。

1 名詞

2 動詞

3 助動詞

4 形容詞

5 副詞

6 前置詞・接続詞

the

The koalas over there are climbing trees.
あちらにいるコアラは木に登っている。

----

some

Some koalas over there are climbing trees.
あちらにいる数頭のコアラが木に登っている。

----

any

There aren't **any** koalas climbing trees.
どのコアラも木に登っていない。

疑問文でも some を使うことがあるなど、このチャートだけでは説明しきれないところもありますが、あくまでも基本的な選び方としてご紹介しています。

1-14 冠詞

無冠詞で使うことがある名詞

work	**He goes to ~~the~~ work.** 彼は仕事へ行く。	
class	**She went to ~~the~~ class.** 彼女は授業に行った。	
TV	**We watch ~~the~~ TV.** 私たちはテレビを観る。	
breakfast	**I had ~~a~~ breakfast.** 私は朝食を食べた。	
soccer	**I like ~~a~~ soccer.** 私はサッカーが好きだ。	

名詞には冠詞（a / an, the）が付く場合が多いですが、文脈次第では冠詞を付けずに使う場合がある名詞を紹介します。日常的な動作を表すフレーズの場合は無冠詞になることが多いので、日常生活を想像しながら覚えてみましょう。

| school | I go to ~~the~~ school.
 私は学校へ行く。 |  |

| church | I went to ~~the~~ church.
 私は教会へ行った。 | |

| bed | It's time for ~~the~~ bed.
 寝る時間だ。 | |

| Australia
 （国名） | I live in ~~the~~ Australia.
 私はオーストラリアに住んでいる。 | |

| English
 （言語） | He speaks ~~the~~ English.
 彼は英語を話す。 | |

例文のように、その名詞に対応する動詞が連想しやすいものについては無冠詞で使われる傾向にありますが、ここで紹介している名詞も特定の場所（もの）を表すときは the を付けることがあります（→ p.44 参照）。

1 名詞

2 動詞

3 助動詞

4 形容詞

5 副詞

6 前置詞・接続詞

冠詞の有無で意味が変わる英文

冠詞なし

時間

Do you have time?
お時間ありますか？

The koala is behind time.
コアラは時間に遅れています。

場所

本来の目的

He went to college.
彼は大学に（学生として勉強するために）行った。

He went to prison.
彼は投獄された。

人名

知っている人

Mr. Koala stopped by to see you.
コアラさんはあなたに会うために立ち寄った。

人数

複数の中の誰か

Four of them came to the party.
彼らのうち4名がパーティに来た。

They are sons of Mr. Koala.
彼らはコアラさんの息子の中の数人です。

We met members of the club today.
今日、クラブの複数のメンバーに会いました。

冠詞があるかないかだけで、ほぼ同じ文章の意味が変わることがあります。普遍的な「時間」を意味する time は不可算名詞で、通常は無冠詞で使いますが、the を付けると少し意味が変わります。他にも意外に知らない冠詞によるこんな違いがあります。

冠 詞 あ り

Do you have the time?
今、何時ですか?

The koala is behind the times.
コアラは時代遅れです。

特定の場所

He went to the college.
彼は（ある理由で特定の）大学（という場所）に行った。

He went to the prison.
彼は（ある理由で特定の）刑務所（という場所）に行った。

知らない人

A Mr. Koala stopped by to see you.
コアラさんという方があなたに会うために立ち寄った。

対象の全員

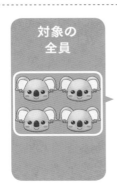

The four of them came to the party.
彼らの4人全員がパーティに来た。

They are the sons of Mr. Koala.
彼らはコアラさんの息子全員です。

We met the members of the club today.
今日、クラブのメンバー全員に会いました。

the other / another / the others / others の違い

特定（the がつくもの）

単数（s がつかないもの）

the other ＝残りの1つ

one

└── the other ──┘
もう1頭のコアラ

One koala is climbing a tree. The other is playing with the kangaroo.
（1頭のコアラが木に登っている。 もう1頭のコアラはカンガルーと遊んでいる。）

複数（s がつくもの）

the others ＝残りすべて

one

──────── the others ────────
黒いコアラ以外のすべてのコアラ

One koala is climbing a tree. The others are playing with the kangaroo.
（1頭のコアラが木に登っている。 他のコアラたちは皆カンガルーと遊んでいる。）

the other / another / the others / others は、スペルも意味も似ているので本当にやっかい！ 中学校・高校でくり返し学習する内容ですが、いまいち区別がつかない方のために、わかりやすくイラストでご説明します。

不特定（the がつかないもの）

another ＝他の１つ

One koala is climbing a tree. Another is playing with the kangaroo.
（1頭のコアラが木に登っている。 他のコアラのうち1頭はカンガルーと遊んでいる。）

others ＝他のいくつか

One koala is climbing a tree. Others are playing with the kangaroo.
（1頭のコアラが木に登っている。 他のコアラでカンガルーと遊んでいる者もいる。）

第 2 章

動詞

動詞は主語の動作（「話す」など）や状態（「好き」など）を表す語で、英語を話したり書いたりする上で無視することのできない重要な品詞です。日本語の動詞と英語の動詞は1対1で対応させることが難しく、例えば日本語では「話す」という1つの動詞でも、英語では speak, say, talk, tell などの動詞をニュアンスによって使い分けます。本章では、このように基本単語にもかかわらず使い分けが難しい語やフレーズを厳選して 24 項目にまとめました。一緒に攻略していきましょう！

speak / say / talk / tell の違い

「行為」に重点が置かれる

聞き手を意識しない（一方向）

話し手
↓
聞き手

speak
言う

Please speak more slowly.
もっとゆっくり話してください。

聞き手を意識する（双方向）

話し手
↕
聞き手

talk
会話する

I want to talk with you a lot.
あなたとたくさん話がしたい。

speak ：改まった内容を話す場合に使われることが多いです。
talk ：カジュアルなシーンで使われることが多いです。

「話す／言う」を意味する4単語はどれも超基本的な単語ですが、使い分けができているか聞かれると不安が残る方も多いのではないでしょうか。ここではネイティブが自然に使い分けている感覚を表でご説明します！

「内容」に重点が置かれる

say
発する

He said goodbye before he left.
彼は立ち去る前にさようならを言った。

Goodbye.

tell
伝える

I told her the details.
彼女に詳細を伝えた。

OK!

In detail, XXX.

say ：特定の言葉を口に出す場合に使われることが多いです。
tell ：内容を要約して伝えるときなどに使われることが多いです。

1 名詞
2 動詞
3 助動詞
4 形容詞
5 副詞
6 前置詞・接続詞

hear
耳にする
（自然と耳に入ってきた音を聞く）

Did you hear a loud noise last night?
昨夜の騒音を聞きましたか？

基本的には自然に耳に入るときに使いますが、まれに listen のように主体的に耳を傾ける場合に使うこともあります。

hear, listen はどちらも「聞く」を表す基本的な単語ですが、実は両者にはきちんと違いがあります。日常会話で使う機会が多い単語だからこそ、完璧に使い分けられるようにしておきましょう！

listen
耳を傾けて聴く
（主体的に音を聴きにいく）

The koala enjoys listening to rock music.
コアラはロックを聴いて楽しんでいる。

〈listen + to +聴く対象〉の形で使います。人の話を聴く場合は、〈listen + to +人〉になります。

1 名詞
2 動詞
3 助動詞
4 形容詞
5 副詞
6 前置詞・接続詞

meet / see の違い

meet
初対面の人に会う

Nice to meet you.
初めまして。

meet には「紹介によって会う」という意味もあり、I want you to meet my parents.
（両親を紹介したいの）のように使われることもあります。

ここでは超基本フレーズの Nice to meet you. を取り上げます。これを Nice to see you. にすると、どうニュアンスが違うのでしょうか。基本的なフレーズほど、深掘りすれば差がつきます。

see
知り合いに会う

Nice to see you.
（また）お会いできて嬉しいです。

「友人など、知り合いと会う」という意味の他、see a doctor で「医者に診てもらう」という意味になります。

1 名詞

2 動詞

3 助動詞

4 形容詞

5 副詞

6 前置詞・接続詞

2-4 行く
go / come の違い

**go
聞き手から離れていく**

| 聞き手 | 話し手 |

I'm going soon.
すぐに出かけるよ。

上記の文は、家族間でのやり取りでよく聞くフレーズです。このように、近い将来に起こることを表すときには現在進行形を使うことも押さえておきましょう。

go と come のどちらを使うかは、ネイティブでさえも迷うことがあるそうです。超基本単語にもかかわらず使い分けは難しいのです。go =「行く」、come =「来る」と丸暗記で済ませるのは危険！イラストを見て理解していきましょう。

come
聞き手に近付いていく

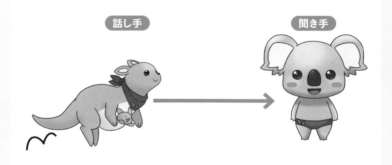

話し手　　　　　　　　　　　聞き手

I'm coming soon.
すぐに行くよ。

上記の例文のように、come =「来る」ではなく「行く」という意味になることもあるので注意しましょう。

1 名詞

2 動詞

3 助動詞

4 形容詞

5 副詞

6 前置詞・接続詞

study / learn の違い

study
知識やスキルを身に付ける
「過程」を表す

I studied English yesterday.
昨日英語を勉強した。

study の語源は「熱意、没頭」を意味するラテン語です。このことからも、「結果」よりも「過程」に重きを置いたニュアンスになることがわかります。

I want to study English. と言っても、I want to learn English. と言っても、文法的には問題ありません。しかしニュアンスは少し違ってくるのです。混同して使う人が多いため、使い分けができると一目置かれること間違いなしです。

learn

知識やスキルを身に付けた
「結果」を表す

I learned a new English word yesterday.

昨日新しい英単語を学んだ（覚えた）。

基本的に「知識を得る」「スキルを身に付ける」という意味でとらえておきましょう。文によって、「学ぶ」、「覚える」、「知る」といった訳語になります。

1 名詞

2 動詞

3 助動詞

4 形容詞

5 副詞

6 前置詞・接続詞

look / appear / seem の違い

断定

look
客観的に
～に見える

appear
外見上は
～に見える

seem
主観的に
～に見える

自信
なし

「〜に見える」を表す英語には、look, appear, seem があります。特に look はネイティブがフランクな会話で頻繁に使うので、しっかりと押さえておくと会話力に直結します。

1 名詞

2 動詞

3 助動詞

4 形容詞

5 副詞

6 前置詞・接続詞

The koala looks cute.
コアラはかわいく見える。

容姿、様子、行動などの視覚情報から、話し手が客観的に断定するニュアンスを含みます。

The koala appears to be rich.
コアラは一見、お金持ちに見える。

外見はそう見えるものの、実際はどうかわからないというニュアンスを含みます。

The koala seems to have a lot of fun.
コアラはとても楽しそうに見える。

話し手の主観にすぎないため、断定するものではなく、確信が持てないニュアンスを含みます。

2-7　着る
wear / put on の違い

wear
着ている

（状態）

The koala is wearing a blue shirt.
コアラは青いシャツを着ている。

wear は「服を着ている」以外にも、「帽子をかぶっている」「靴を履いている」といった状態を表す場合に使えます。状態動詞なので基本的に現在形で使いますが、一時的な状態を表す場合は上記の例文のように進行形にすることもあります。

wear と put on はどちらも「着る」と覚えている方が多いかもしれませんが、wear は「着ている」、put on は「着る」と分けて考えるのが正解です。訳だけで理解するのは難しいので、解説のイラストを頼りにそれぞれの動詞のイメージをつかみましょう。

put on
着る
（動作）

The koala is putting on a blue shirt.
コアラは青いシャツを着ているところだ。

put on は「服を着る」以外にも、「帽子をかぶる」「靴を履く」といった動作を表す場合にも使えます。

1 名詞

2 動詞

3 助動詞

4 形容詞

5 副詞

6 前置詞・接続詞

believe / trust の違い

believe
「話の内容」を信じる

**The train was delayed.
That's why I'm late.**
電車が遅れていたから遅刻したんだ。

I believe you.
君の言うことを信じるよ。

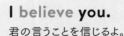

believe は doubt の反対語です。通常、進行形にしない点も押さえておきましょう。

「信じる」という意味の believe と trust は〈believe ＋人 / trust ＋人〉の語順で使える点は一緒です。ニュアンスの違いを把握するには「何を信じるのか」に着目すればよさそう。会話例で微妙な違いをつかんでいきましょう。

trust
「その人自身」を信じる

Will you tell me your secret?
君の秘密を教えてくれる？

Yes, I trust you.
いいよ、君を信じているよ。

1 名詞

2 動詞

3 助動詞

4 形容詞

5 副詞

6 前置詞・接続詞

「信頼する」という意味を頭に入れておくと、I trust you. のイメージがつかめると思います。

push / press の違い

push
前方に押す力を加える
（押して動かす）

Please push the door to open it.
そのドアを押して開けてください。

pull（引く）の対義語として理解しましょう。

日本語でも「プッシュ／プレス」と言うことがあるので馴染みがありますよね。push と press の使い分けはシンプルで「動くのか、動かないのか」に着目するのがポイントのようです。イラストでニュアンスを理解しましょう。

press
圧力をかけて押し付ける
（押しても動かない）

The koala pressed his ear against the door.
コアラは耳をドアに押しあてた。

「シャツにアイロンをかける」と言う場合にも press a shirt と言います。

1 名詞

2 動詞

3 助動詞

4 形容詞

5 副詞

6 前置詞・接続詞

check / confirm の違い

check
確認する
（正しいかどうかわからない）

I'll check my calendar to see when I'm available.
いつ都合がつくか調べるためにカレンダーを確認します。

確認した結果、間違っていることがわかった場合でも check はしたことになります。

check は基本的な単語ですが、confirm は少し難しいと感じる方もいるかもしれません。難易度に違いはあれど、日常会話やビジネスでどちらもよく使うので、ここで違いを確認しておきましょう。

confirm
正しいことを確かめる

Please confirm the accuracy of this report.
この報告が正しいか確認してください。

確認した結果、間違っていることがわかった場合は、confirm したことにはなりません。

select/choose/pickの違い

重要な選択

select
選択肢の中から
厳選する

choose
自分の判断で
希望のものを選ぶ

pick
あまり深刻に考えずに
パッと選ぶ

重要でない選択

「選ぶ」を意味する単語には、「セレクトする」と日本語に取り入れられているものもあります。深く考えずに馴染みのある単語を使いがちですが、ニュアンスの違いをしっかり押さえておきましょう。

1 名詞
2 動詞
3 助動詞
4 形容詞
5 副詞
6 前置詞・接続詞

She selected a dress for her wedding.
彼女は結婚式用のドレスを選んだ。

I chose the kangaroo to be my girlfriend.
私はそのカンガルーをガールフレンドに選んだ。

Please pick a number between 1 and 10.
1から10の中から数字を1つ選んでください。

look / watch / see の違い

look

止まっているものを意識的に見る

Look at the kangaroo.
カンガルーを見てください。

watch

動いているものを意識的に見る

Watch the kangaroo bounce!
カンガルーがぴょんぴょん跳んでいるのを見て！

I look at the kangaroo. でも、I watch the kangaroo. でも、I see the kangaroo. でも、文法的には OK。しかし、ニュアンスは大きく異なります。ネイティブが自然に使い分けている感覚に迫りましょう。

see
自然と視界に入ってくる

Do you see the kangaroo over there?
あそこのカンガルーが見えますか?

look / watch / see の関係図

	意識的・能動的	無意識・受動的
止まっている	look	see
動いている	watch	

1 名詞
2 動詞
3 助動詞
4 形容詞
5 副詞
6 前置詞・接続詞

notice / realize / recognize の違い

notice
五感で気づく

realize
頭で理解する

recognize
見覚え・聞き覚えが
ある

「気づく」、「わかる」などと訳されることが多い notice, realize, recognize の使い分けは、本書のなかでは少し難易度が高めです。すぐに理解できなくても焦らずに。じっくり例文を読み込んでいきましょう。

1 名詞

2 動詞

3 助動詞

4 形容詞

5 副詞

6 前置詞・接続詞

No one noticed me leave.

誰も私が立ち去るのに気づかなかった。

I noticed him in the back of the room.

彼が部屋の後ろにいることに気づいた。

I realized I had made a mistake.

私が間違えたということを理解した。

I realized the risk involved in the project.

その計画がリスクを伴うことを理解した。

I didn't recognize anyone.

誰のことも見覚えがなかった。

I recognize his name, but I don't know what he looks like.

彼の名前は認識しているが、（外見が）どのような感じかわからない。

teach / tell / show の違い

teach
（学問などを）
教える

tell
（情報などを）
教える

show
（図示や実演で）
教える

「教える」を表す teach, tell, show。どれも日常生活でよく使われる単語ですが、日本人の感覚では使い分けが少し難しいですよね。しっかりと違いを押さえて差をつけましょう！

Can you teach me English?
英語を教えてくれませんか？

The koala teaches history at a high school.
コアラは高校で歴史を教えている。

teach は、ある分野に詳しい人が、専門的なことや学問を教える場合に使われます。

Can you tell me the way to the station?
駅までの道を教えてくれませんか？

Can you tell me how to grow a eucalyptus tree?
ユーカリの木の育て方を教えてもらえませんか？

tell が「教える」という意味になるときは、相手が知らない情報を伝えるといったニュアンスになります。

Can you show me the way to the airport?
空港までの道を教えて（案内して）くれませんか？

The koala showed me how to use chopsticks.
コアラが箸の使い方を教えて（見せて）くれた。

左の例文は、口頭での案内ではなく、地図を描いたり、現地まで案内したりすることを頼むときの言い方です。

1 名詞
2 動詞
3 助動詞
4 形容詞
5 副詞
6 前置詞・接続詞

collect / gather / assemble の違い

collect

目的に沿って同種のものを選んで集める

gather

とにかく寄せ集める

assemble

集めて1つにする

gather は基本単語ですし、collect は「コレクション」という言葉からイメージをつかめるはず。一番難しいのは assemble でしょう。まずは collect と gather の違いを重点的に押さえた上で、assemble を理解することにも挑戦してみてください！

The kangaroo is collecting money.
カンガルーが集金している。

My hobby is collecting koalas.
趣味はコアラ収集だ。

少し格式ばった語で、対象が人のときは、「ある目的のために集める、集まる」というニュアンスが出ることがあります。

The family gathered around the Christmas tree.
一家はクリスマスツリーの周りに集まった。

We have to gather information.
情報を集めないといけない。

「集める」というときの最も一般的な語です。広く散らばっているものを1箇所に集めることを表します。

The koala assembled all the members.
コアラがメンバーを全員招集した。

Please assemble your friends.
友達を集めてください。

注意深く、組織的に集めて1つにすることを表します。

1 名詞
2 動詞
3 助動詞
4 形容詞
5 副詞
6 前置詞・接続詞

2-16 持ち運ぶ
take / bring / fetch の違い

take
連れて行く

話し手

bring
連れて来る

話し手

fetch
（行って）
連れて来る

話し手

take, bring は日常会話でも頻繁に使う基本的な単語なので、ご存知の方も多いかもしれませんね。fetch はやや難易度が上がりますが、イラストでイメージをつかんでおきましょう。

Take the koala over there.
あっちにコアラを連れて行って。

人を「連れて行く」場合以外に、物を「持って行く」という場合にも使えます。

Bring the koala to me.
コアラを私のところに連れて来て。

人を「連れて来る」場合以外に、物を「持って来る」という場合にも使えます。

Fetch the koala.
（あそこに行って）コアラを連れて来て。

go and get と同義です。

1 名詞

2 動詞

3 助動詞

4 形容詞

5 副詞

6 前置詞・接続詞

sleep / go to bed / fall asleep の違い

sleep
眠っている
（状態）

go to bed
（自分の意志で）
就寝する

fall asleep
寝てしまう

まずは基本単語であり、使う頻度が高い sleep と go to bed の違いをしっかり理解しましょう。fall asleep は少しレベルが上がりますが、会話の中で使えると自然でこなれた印象になるでしょう。

How long did you sleep last night?

昨晩はどれくらい眠った？

Koalas sleep between 18 to 22 hours a day.

コアラは1日に18〜22時間寝る。

sleep は「眠っている状態」を表すので、for … hours（〜時間）など、幅のある時間を表す語句が続くことが多いです。

What time do you usually go to bed?

いつも何時に寝る？

The koala went to bed early last night.

昨晩、コアラは早く寝た。

go to bed で成句なので bed の前に a や the はつきません（→ p.43 参照）。就寝する時間を伝えるときの一般的な表現です。

The koala fell asleep on the train.

コアラは電車の中で眠ってしまった。

The kangaroo tried not to fall asleep.

カンガルーは寝ないように頑張った。

fall には「急にある状態になる」というニュアンスがあり、fall asleep だと「寝落ちする」といった意味合いになります。

1 名詞
2 動詞
3 助動詞
4 形容詞
5 副詞
6 前置詞・接続詞

流れでわかる
寝る・起きるの動作

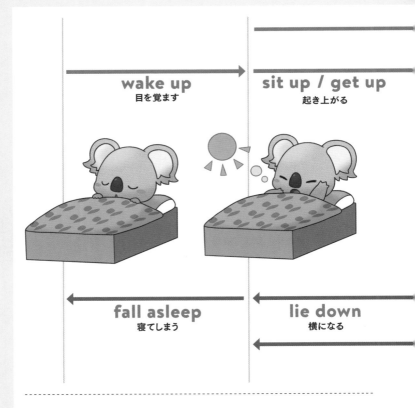

wake up
目を覚ます

sit up / get up
起き上がる

fall asleep
寝てしまう

lie down
横になる

I woke up at 4 a.m. but stayed in bed until 7 a.m.
朝4時に目が覚めたけど、朝7時までベッドの中にいた。

wake up と get up はどちらも「起きる」だと思っていませんか？「横になる」と「寝てしまう」もそれぞれ別の表現を使います。「起きる」「寝る」「立つ」「座る」などまぎらわしい動作を一覧の図にまとめました。

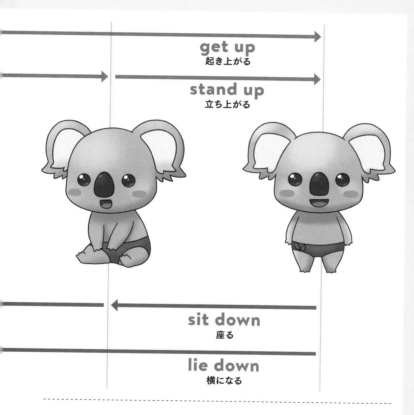

get up
起き上がる

stand up
立ち上がる

sit down
座る

lie down
横になる

I got up at 7 a.m. and had breakfast.
朝7時に起きて朝食を食べた。

1 名詞

2 動詞

3 助動詞

4 形容詞

5 副詞

6 前置詞・接続詞

2-19 つくる

make / build / create / produce の違い

make
一般的な作る

make a cup of coffee
コーヒーを淹れる

make plans
計画を立てる

make music
曲を作る

make jam
ジャムを作る

最も一般的な「作る」を表す語で、make a salad などのように火を使わずに料理をするときにも使えます。

build
時間をかけて作り上げる

build a house
家を建てる

build a bridge
橋を架ける

build trust
信頼を築く

build a railway
鉄道を建設する

家やビルなどの建造物を建てる場合の他に、絆や信頼関係などの精神的なものを築く場合にも使われます。

「つくる」を表す4単語の違いをご紹介します。最も基本的で日常的な動作を表すものは make ですが、ニュアンスの違いを押さえた上で他の単語も使いこなしてワンランク上を目指しましょう！

create
新たに創り出す

create a work of art
芸術品を製作する

create a website
ウェブサイトを作る

create a new word
新しい言葉を作る

create a masterpiece
名作を生み出す

元々の意味「神が創造する」から「新しいものを生み出す、独創的なものを創る」といった意味でも使われるようになりました。

produce
素材から作り出す

produce salt
塩を作る

produce wine
ワインを生産する

produce music videos
MV を制作する

produce paper
紙を生産する

「生産する、製造する」ときの「作る」を表現する場合に使います。他には「映画や劇を制作する」なども produce で表します。

1 名詞
2 動詞
3 助動詞
4 形容詞
5 副詞
6 前置詞・接続詞

do / make の
日常的な使い方

do

仕事	**do a good job**	うまく仕事をやり遂げる
	do chores	雑用をする
	do housework	家事をする
	do homework	宿題をやる

行為が **明確なもの**	**do hair**	髪を整える
	do dishes	皿を洗う
	do laundry	洗濯をする
	do a handstand	逆立ちをする

不定代名詞	**do nothing**	何もしない
	do anything	何でもする
	do something	何かをする（何とかする）
	do everything	何もかもする

〈do / make ＋（代）名詞〉の形で日常的に行う様々な動作を表します。
特に do の「行為が明確なもの」や make の「飲食物」は日常的によく使
いますし、易しい単語も多いので優先的に覚えておきましょう。

make

飲食物

make **a cake**	ケーキを作る
make **dinner**	夕食を作る
make **a cup of tea**	紅茶を入れる
make **breakfast**	朝食を作る

音や声

make **a noise**	騒音を出す（音を立てる）
make **a comment**	コメントする（批評する）
make **a suggestion**	提案する
make **a speech**	演説をする（スピーチをする）

計画や選択

make **plans**	計画を立てる
make **a choice**	選択をする
make **arrangements**	手配をする（準備をする）
make **a decision**	決断する

1 名詞
2 動詞
3 助動詞
4 形容詞
5 副詞
6 前置詞・接続詞

make / have / let / get の違い

make 人 do
（強制的に）
〜させる

I'll **make** the koala **do** it at once.

すぐにコアラにやらせよう。

「無理にでも」といったニュアンスがある強い語です。

have 人 do
（当然のことを）
〜してもらう

I'll **have** the koala **come** early.

コアラに早く来てもらうつもりだ。

何かをしてもらえるように事を運ぶときに使います。

「〜させる」と訳す表現形態のことを「使役」と呼びます。基本は〈使役動詞＋人＋動詞の原形〉の形になりますが、get は例外で〈get ＋人＋ to ＋動詞の原形〉となりますので注意が必要です。

1 名詞

2 動詞

3 助動詞

4 形容詞

5 副詞

6 前置詞・接続詞

let 人 do

〜することを許す

Let me explain my plan.
私の計画を説明させてください。

相手がしたがっていることをさせてあげるというニュアンスです。

get 人 to do
（説得・お願いして）

〜してもらう

I got the koala to repair my bicycle.
コアラに自転車を直してもらった。

「何とか〜してもらう」というニュアンスになります。

lend / rent / borrowの違い

貸す

無料

lend
無料で貸す

Shall I lend you an umbrella?
傘をお貸ししましょうか？

有料

rent
有料で貸す

I rent a room to a student.
学生に部屋を貸している。

---

lend ：簡単に移動できるものを無料で貸すときに多く使われます。過去形は lent で、
　　　 rent と紛らわしいので注意しましょう。

rent ：土地や部屋を「賃貸しする」という意味で使われます。

lend, rent, borrow は混乱しやすいので注意！ 特に、rent は「貸す／借りる」両方の意味があります。「貸す／借りる」、「無料／有料」を軸に表にまとめました。頭の整理に役立ててください。

借りる

borrow
無料で借りる

Can I borrow your umbrella?
傘を借りていいですか？

rent
有料で借りる

I rent a room from a kind landlord.
親切な大家さんから部屋を借りている。

borrow：友だちや図書館などから無料で借りる場合に使います。
rent ：有料で「借りる」場合も、有料で「貸す」場合と同じ rent を使います。

1 名詞

2 動詞

3 助動詞

4 形容詞

5 副詞

6 前置詞・接続詞

確信度で使い分ける「思う」の表現

> **I guess the koala's hungry.**
> コアラはお腹が空いているんじゃないかな。

> **I suppose the koala's hungry.**
> コアラはたぶんお腹が空いていると思う。

憶測　**guess**　**suppose**

根拠が乏しい、もしくは根拠がないときにも使えます。suppose に比べてカジュアルな語です。

「推測する」と訳すことがあり、think よりも確信度が下がります。

この場合の確信度とは「話者がどれだけそう思っているかの度合い」のこと。「思う」と一口に言っても「たぶん〜かな」から「絶対〜と思う！」まで色々ありますよね。確信度によって単語を使い分けられたら表現力がグンと上がります！

I think the koala's hungry.

コアラはお腹が空いていると思う。

I believe the koala's hungry.

コアラは絶対お腹が空いていると思う。

think   believe 確信

日本語の「思う」に最も近い語です。

「絶対にそう思う」といった強い確信を伝える語です。

1 名詞

2 動詞

3 助動詞

4 形容詞

5 副詞

6 前置詞・接続詞

気持ちの強さで使い分ける「好き」の表現

I don't hate it.
嫌いじゃない。

I like it.
好き。

| 弱い | **not hate** | **like** |

hate は「嫌悪する」という意味です。not hate は like に比べると「好き度」がグンと下がります。

日常会話で「好き」と言うときの一番の定番表現です。

「好き」といっても「嫌いではない」程度から、「超大好き！」まで幅があります。
ポジティブな感情を英語らしくいきいきと表現できるようにしましょう。

1 名詞

2 動詞

3 助動詞

4 形容詞

5 副詞

6 前置詞・接続詞

I love it.
大好き。

I adore it.
超大好き。

love　　　**adore**　強い

大げさに聞こえるかもしれませんが、「お気に入り」と言いたい場合にはよく使われます。

日常会話で、特に若い女性がよく使用するフレーズです。

日本語を直訳すると間違える動詞

「違いがわかりますか？」

Can you understand the difference?

Can you tell the difference?

「パスワードを教えてください」

Please teach me the password.

Please tell me the password.

「1日3回、この薬を飲んでください」

Drink this medicine three times a day.

Take this medicine three times a day.

「スープを飲むのが好きです」

I like to drink soup.

I like to eat soup.

カップに口をつけて飲むなら drink も OK

「このラジオは動きません」

This radio doesn't move.

This radio doesn't work.

「シャワーの後は体を拭いてください」

Wipe yourself off after a shower.

Dry yourself off after a shower.

日本人が間違えやすい英語表現

「おめでとう!」

Congratulation!

Congratulations!

「どう思う?」

How do you think?

What do you think?

「まだ5時だよ」

It's still five.

It's only five.

「納豆食べられる?」

Can you eat natto?

Do you eat natto?

「日本の首都はどこ?」

Where is the capital of Japan?

What is the capital of Japan?

首都の名前ではなく位置を聞くなら where

「日本の人口は何人ですか?」

How many is the population of Japan?

What is the population of Japan?

第 **3** 章

助動詞

助動詞は「動詞を助ける詞」と書きますが、文字どおり、動詞の前に置くことで「可能」「義務」「許可」「依頼」など、様々な意味を添えることができます。助動詞を加えるだけで話者の気持ちをいきいきと表現できるので、使いこなせると一気にニュアンスが伝わりやすいこなれた英語になりますよ。本章では、まず基本的な助動詞の「意味と使い方」を紹介した上で、似ている助動詞の使い分けについても紹介していきます。

will の意味と使い方

意味	例文
未来 ～だろう （≒ be going to）	**The koala will be twenty next year.** そのコアラは来年20歳になる（だろう）。 → p.114
意志 ～のつもりだ （≒ be going to）	**I will do my best in my new job.** 新しい仕事に全力を尽くすつもりだ。
推量 ～だろう	**He will be busy now.** 彼は今、忙しいだろう。 → p.118
依頼・勧誘 ～してくれませんか・ ～しませんか	**Will you marry me?** 結婚してくれませんか？ → p.122
習慣・習性 ～しようとする・ よく～する	**He will often go on a date with the kangaroo after dinner.** 彼は夕食後によくカンガルーとデートに出かける。

would の意味と使い方

意味	例文
過去の 強い意志・拒絶 どうしても 〜しようとした	**The luggage wouldn't fit in the trunk.** この荷物はどうしてもトランクに入らなかった。
丁寧な 依頼・勧誘 〜していただけませんか・ 〜しませんか	**Would you open the window?** 窓を開けていただけませんか？ ➡ p.122
過去の習慣 よく〜したものだ	**We would chat for hours after dinner.** 私たちは夕食の後に何時間もおしゃべりしたものだった。
仮定法 〜するのだが	**I would help you if I could.** できることならお助けするのですが。
推量 〜だろう	**The koala would be about to go out right now.** コアラは今、出かけようとしているのではないか。 ➡ p.118

時制の一致で will の過去形として使われることもあります。

1 名詞

2 動詞

3 助動詞

4 形容詞

5 副詞

6 前置詞・接続詞

can の意味と使い方

意味	例文
能力・可能 **〜できる** （≒ be able to）	**The koala can speak English.** そのコアラは英語を話すことができる。 ➡ p.112
可能性・推量 **〜のはずだ・** **〜の可能性がある**	**The koala can tell a lie.** そのコアラは嘘をつく可能性がある。
許可 **〜してもよい** （≒ may）	**You can enter the koala park if you have a ticket.** チケットを持っていれば、こあら園に入ってもよい。 ➡ p.124
依頼 **〜してくれませんか**	**Can you tell me how to get to the koala park?** こあら園への行き方を教えてくれませんか？ ➡ p.122
命令 **〜してください**	**You can tell me anything about koalas.** コアラのことなら、どんなことでも話してください。

couldの意味と使い方

意味	例文
過去の 能力・可能 **〜できた** （≒ was able to）	**The koala could speak English at the age of four.** そのコアラは4歳の時点で英語を話すことができた。
可能性・推量 **ひょっとすると 〜かもしれない**	**The koala could tell a lie.** そのコアラはひょっとしたら嘘をつくかもしれない。 → p.118
許可 **〜してもよい**	Could I come in? 入ってもよろしいでしょうか？ → p.124
丁寧な依頼 **〜していただけ ませんか**	Could you tell me how to get to the koala park? こあら園への行き方を教えていただけませんか？ → p.122

時制の一致で can の過去形として使われることもあります。

1 名詞

2 動詞

3 助動詞

4 形容詞

5 副詞

6 前置詞・接続詞

may の意味と使い方

意味	例文
推量 **〜かもしれない**	**The koala may tell a lie.** そのコアラは嘘をつくかもしれない。 → p.118
許可 **〜してもよい** （≒ can）	May **I use the bathroom?** お手洗いをお借りしてもよろしいですか。 → p.124
祈願 **〜しますように**	May **you have a happy Christmas!** （あなたが）よいクリスマスを（過ごしますように）！
譲歩 **たとえ〜だろうが**	**Whatever they may say, I think you are a kangaroo.** たとえ彼らが何と言おうが、私はあなたはカンガルーだと思う。

might の意味と使い方

意味	例文
推量 ひょっとしたら 〜かもしれない	**I** might **be spending a few weeks in Australia this summer.** この夏2, 3週間オーストラリアで過ごすかもしれない。 → p.118
許可 〜してもよい	Might **I come in?** 入ってもよろしいでしょうか？ 

時制の一致で may の過去形として使われることもあります。

1 名詞

2 動詞

3 助動詞

4 形容詞

5 副詞

6 前置詞・接続詞

3-4 助動詞の基本

must の意味と使い方

意味	例文
推量 **〜に違いない**	**She must be his mother.** 彼女は彼の母親に違いない。 → p.118
義務・強制 **〜しなければ ならない・ 〜しなさい** （≒ have to）	**I must climb the tree.** 私はその木に登らなければならない。 → p.116、120
禁止 **〜してはいけない** （否定文）	**You must not drink beer on the beach.** ビーチではビールを飲んではいけない。
強い推奨 **ぜひ〜してね**	**You must come and visit us.** ぜひ遊びに来てね。

should の意味と使い方

意味	例文
義務・助言 〜すべきだ・ 〜しては	**You should call the koala at once.** すぐコアラに電話をするべきだ。 → p.120
推量 当然〜のはずだ	**The koala should arrive at the park in half an hour.** コアラはあと30分で公園に着くはずだ。 → p.118
可能性の低い仮定 万が一〜ならば	**What would you do if I should die tomorrow?** 万が一私が明日死ぬなら、あなたはどうしますか？
驚き・反語 どうして〜、一体〜	**How should I know?** どうして私が知っているんですか？ （＝知りませんよ）

3-5 助動詞の基本

shall の意味と使い方

意味	例文
意志 必ず〜する	**We shall never forget the victims of the earthquake.** 私たちはその地震の犠牲者のことを決して忘れない。
申し出・提案 〜しましょうか	Shall I make some tea? お茶を入れましょうか？
命令・禁止 〜しなさい・ 〜してはならない （否定文）	**You shall not use the Koala logo without permission from the Koala Corporation.** こあら社の許可なしにこあらロゴを使用してはならない。
驚き・反語 どうして〜、一体〜	**Who shall be able to live without loved ones?** 愛する人なしで誰が生きられようか？ （＝生きられない）

助動詞意味一覧

	可能性・推量	義務・許可・推奨	依頼・勧誘・提案	その他
will	推量 （～だろう）	－	**依頼**（～してくれませんか） **勧誘**（～しませんか）	**未来（～だろう）** 意志（～のつもりだ） 習慣・習性（～しようとする、よく～する）
would willの過去形	推量 （～だろう）	－	**丁寧な依頼**（～していただけませんか） **丁寧な勧誘**（～しませんか）	過去の強い意志・拒絶（どうしても～しようとした） 過去の習性（よく～したものだ） 仮定法（～するのだが）
can	可能性 （～のはずだ）	許可 （～してもよい）	依頼 （～してくれませんか）	**能力・可能（～できる）** 命令（～してください）
could canの過去形	可能性 （ひょっとすると～かもしれない）	許可 （～してもよい）	丁寧な依頼（～していただけませんか）	能力・可能（～できた）
may	**推量（～かもしれない）**	許可 （～してもよい）	－	祈願（～しますように） 譲歩（たとえ～だろうが）
might mayの過去形	推量 （～かもしれない）	許可 （～してもよい）	－	－
must	推量 （～に違いない）	**義務（～しなければならない）** 強い推奨（ぜひ～してね）	－	禁止（～してはいけない、否定文）
should	推量 （当然～のはずだ）	**義務（～すべきだ）**	－	可能性の低い仮定（万が一～ならば） 驚き・反語（どうして～、一体～）
shall	－	－	**申し出・提案（～しましょうか）**	意志（必ず～する） 驚き・反語（どうして～、一体～） 命令・禁止（～しなさい・～してはならない、否定文）

各助動詞の代表的な意味をハイライトしています。

1 名詞

2 動詞

3 助動詞

4 形容詞

5 副詞

6 前置詞・接続詞

can / be able to の違い

can

主語が モノや場所 の場合	**This product can be microwaved.** この製品は電子レンジが使用できる。	
受動態 の場合	**This item can be shipped worldwide.** この商品は国際発送できる。	
五感を 表す場合	**Can you hear me?** 聞こえますか？	
話している 最中に 「〜できる」 と言う場合	**Watch me! I can climb this tree!** 見て！　ぼく、この木に登れるよ！	

can=be able to と丸暗記で済ませがちですが「こういう場合は can を使うべき、こんなときは be able to が自然」といったケースが多くあります。「こんな違い、学生時代には習わなかった」という方は、ここできちんと確認しておきましょう！

be able to

1 名詞

2 動詞

3 助動詞

4 形容詞

5 副詞

6 前置詞・接続詞

他の助動詞と共に使う場合	**I will** be able to **go tomorrow.** 明日行けます。	
完了形で使う場合	**I haven't** been able to **sleep much lately.** 最近あまり眠れていない。	
to 不定詞の形で使う場合	**I want to** be able to **speak English.** 英語を話せるようになりたい。	
過去に「〜できた」と言う場合	**I** was able to **walk all the way home.** 家までずっと歩くことができた。	

3–7

will / be going to の違い

be going to
過去に決定していた未来

3月

I am going to climb a tree next week!
来週木に登るんだ！

be going to は、前々から心づもりができており、意志が定まっている場合にぴったりの表現です。I'm going to study abroad in Australia. なら、前々から留学準備を進めていたニュアンスです。

「will と be going to は同じ意味」と教わったことのある方は多いはず。どちらも未来の内容を表し、動詞の原形が続く点は同じですが、実は両者には違いがあってネイティブは自然に使い分けているのです。

1 名詞

2 動詞

3 助動詞

4 形容詞

5 副詞

6 前置詞・接続詞

発話の時点

未来

will
その場で決定した未来

OK, I will climb the tree now.
よし、木に登ろう。

will は、話し手がその場で決めた判断を伝えるときに使います。I'll study English. なら、その場で英語を勉強すると思い立って言葉にしています。

3-8 ～しなければならない
must / have to の違い

		must	
I が主語	**内的要因** （主観的な気持ち）	**I must go to the hospital.** 病院に行かなきゃ。 （体調が悪い場合など）	
you が主語	**強制** （直接的な命令）	**You must attend the meeting.** 会議に出席しなさい。 （上司から部下への指示など）	
否定文	**禁止** （must not）	**You mustn't climb the tree.** その木に登ってはいけない。	
過去形	**存在しない**	義務を表すmustの過去形は存在しませんが、〈must have＋過去分詞〉の形で「だったに違いない」となります。	

義務を表す must と have to は、どちらも「〜しなければならない」と訳されるため、must＝have to と習うことが多いようです。しかし実はニュアンスが異なります。細かなニュアンスの差を理解していきましょう！

have to

1 名詞
2 動詞
3 助動詞
4 形容詞
5 副詞
6 前置詞・接続詞

外的要因
（客観的
必要性）

I have to **go to the hospital.**

病院に行かなきゃ。
（定期健康診断など）

誘導
（必要性の
伝達）

You have to **attend the meeting.**

会議に出席してください。
（応募者への説明など）

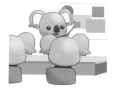

不必要
（don't
have to）

You don't have to **climb the tree.**

その木に登る必要はない。

**過去の
義務**
（had to）

I had to **go back to Sydney.**

シドニーへ帰らなければならなかった。

確信度で使い分ける可能性・推量の助動詞

That is the koala.
コアラだ。

That must be the koala.
コアラに違いない。

That will/would be the koala.
コアラだろう。

That should be the koala.
コアラのはずだ。

be (100%)	**must** (99%)	**will/ would** (90%)	**should** (70%)

Who's at the door?
ドアのところにいるのは誰?

助動詞には「〜かもしれない」、「〜に違いない」というように可能性や推量を表す用法があり、それぞれの助動詞で確信度合いが違います。一目で違いがわかるようにイラストでまとめたので、ニュアンスの違いを比較していきましょう。

That may be the koala.
コアラかもしれない。

That might be the koala.
もしかするとコアラかもしれない。

That could be the koala.
ひょっとしてコアラかもしれない。

That is not the koala.
コアラではない。

may （50%）　**might** （30%）　**could** （20%）　**not** （0%）

パーセンテージはイメージです。

1 名詞

2 動詞

3 助動詞

4 形容詞

5 副詞

6 前置詞・接続詞

強制度で
使い分ける義務の表現

強

強制　**must**
〜しなさい

忠告　**had better**
〜したほうがいい

誘導　**have to**
〜するとよい

助言　**should**
〜しては

弱

「〜したほうがいい」といった義務を表す表現はいくつもありますが、どれくらい強制しているのかで使う表現が変わります。特に目上の人に向けて言う場合は注意したほうがよさそうですね。

You must climb the tree.

木登りをしなさい。

You had better climb the tree.

木登りしたほうがいい。

You have to climb the tree.

木登りするとよい。

You should climb the tree.

木登りしてはどうですか。

1 名詞

2 動詞

3 助動詞

4 形容詞

5 副詞

6 前置詞・接続詞

3-11 依頼

丁寧さで使い分ける依頼文

> **Could you take me to the airport?**
> 空港まで送っていただけませんか？

> **Would you take me to the airport?**
> 空港まで送ってくれませんか？

| 丁寧 | **could** | **would** |

Would you ～?, Could you ～? は共に丁寧ですが、前者が意志を問うのに対して、後者は可能かどうかお伺いを立てています。よって Could you ～? のほうがより丁寧です。

英語はフランクで距離感が近いとよく言われますが、実際には、ネイティブは丁寧さの度合いをコントロールしています。依頼するときは、頼む相手やお願いしたい内容によって表現を使い分けましょう。

Can you take me to the airport?
空港まで送ってもらえる？

Will you take me to the airport?
空港まで送ってくれる？

can　　　　　　will　　親密

1 名詞

2 動詞

3 助動詞

4 形容詞

5 副詞

6 前置詞・接続詞

Will you 〜？は直接的に「〜しますか？」と問う表現なので依頼には向きません。Can you 〜？は主に親しい友人や同僚間で依頼するときに使います。

丁寧さで使い分ける
許可を求める表現

> **Would you mind if I climb the tree?**
> もし木に登ったらご迷惑でしょうか？

> **May I climb the tree?**
> 木に登ってもよろしいでしょうか？

丁寧　**would you mind if**　**may**

Would you mind if 〜? は動詞の mind（気にする）を使って「私が〜したら気になりますか？」とへりくだって聞いています。

お願いするときだけではなく、許可を求める場合にも丁寧さのレンジがあります。ビジネスシーンでは Would you mind if 〜？や Could I 〜？を意識して使えると周りと差がつくはずです。

1 名詞

2 動詞

3 助動詞

4 形容詞

5 副詞

6 前置詞・接続詞

Could I climb the tree?
木に登ってもいいでしょうか？

Can I climb the tree?
木に登ってもいい？

could　　**can**　　親密

Could と Can の間にはへだたりがあり、Can はかなりカジュアル、他 3 つは丁寧と大きく分けて考えてもいいでしょう。May と Could の丁寧さの感覚は個人差もあります。

助動詞を使った丁寧な言い換え

I want to go to Japan.
日本、いきたいなー。

▶

I would like to go to Japan.
日本に行きたいです。

Please climb the tree.
木に登ってください。

▶

Could you climb the tree?
木に登っていただけませんか?

Can I call you?
電話してもいい?

▶

Would you mind if I call you?
お電話してもよろしいでしょうか?

Can I sit here?
ここに座ってもいい?

▶

May I sit here?
こちらに座ってよろしいでしょうか?

Where is the bathroom?
バスルームどこ?

▶

Could you tell me where the bathroom is?
バスルームはどちらでしょうか?

カジュアルさで使い分ける「したい」の表現

フォーマル

would like to

I would like to live in Australia.
オーストラリアに住みたいです。

want to

I want to live in Australia.
オーストラリアに住みたい。

wanna

I wanna live in Australia.
オーストラリアに住みてぇ。

カジュアル

第**4**章

形容詞

形容詞とは、名詞を修飾する語のことです。例えば、a koala（コアラ）という名詞を cute（かわいい）、little（小さい）という形容詞で修飾することで a cute little koala（小さくてかわいいコアラ）となり、どのようなコアラなのかを詳しく伝えることができます。本章では big / large や happy / glad など、意味が似ている形容詞の違いを中心に紹介していきます。

数や量の多少を表す形容詞

可算名詞

many koalas
（a lot of koalas）　　some **koalas**　　not many **koalas**

| たくさんの | いくつか 多少の | あまり 多くない |

不可算名詞

much rain
（a lot of rain）　　some **rain**　　not much **rain**

ある名詞の数や量が多い／少ないと言うときの表現を紹介します。名詞が可算名詞か不可算名詞かによって使う形容詞が違うので注意！ それぞれイラストでわかりやすく説明します。

a few **koalas**　few **koalas**　no **koalas**

少しの　　ほとんどない　　ない

a little **rain**　little **rain**　no **rain**

1つ、2つと数えられるものを可算名詞と呼びます。一方で、液体や気体など境界がはっきりしておらず、数ではなく量で表すものは不可算名詞と呼びます（不可算名詞 → p.36 参照）。

1 名詞

2 動詞

3 助動詞

4 形容詞

5 副詞

6 前置詞・接続詞

はやさを表す形容詞

early
時間や時期が
早い

The koala is an early riser.
そのコアラは早起きです。

quick
瞬間的、
きびきびして
いて速い

Thank you for your quick action.
迅速な対応をありがとうございます。

swift
動きが
なめらかで
速い

The koalas were swift to act.
コアラたちはすぐに行動に移った。

「はやい」といっても「時間が早い」や「動きが速い」から「走るのが速い」まで色々な種類があります。まずは、日常会話で特に使われる early, quick, fast から押さえていくのがオススメです。

speedy
動作・速度が素早い

His work is speedy and accurate.

彼の仕事は、素早く正確だ。

rapid
変化が速い

He made rapid progress in English.

彼は、たちまち英語がうまくなった。

fast
速度が一定・目的地に行くのが速い

The kangaroo is a fast runner.

カンガルーは速く走る。

1 名詞
2 動詞
3 助動詞
4 形容詞
5 副詞
6 前置詞・接続詞

寒暖を表す形容詞

It's boiling.
超暑い。

It's hot.
暑い。

It's warm.
暖かい。

It's cool.
涼しい。

It's chilly.
肌寒い。

It's cold.
寒い。

It's freezing.
超寒い。

世間話で天気の話が好まれるのは万国共通！その日の天気や気温に合わせて使い分けられるようにしましょう。ちなみに例文の主語（It）は天気を表すときに使うもので訳す必要はありません。

1 名詞

2 動詞

3 助動詞

4 形容詞

5 副詞

6 前置詞・接続詞

It's boiling hot.としても同じ意味になります。他にもIt's scorching.にすると、焼けるようなギラギラした暑さを表します。

「激高している」という意味になることもあります。

hot and humidとすると「蒸し暑い」という意味になり、まさに日本の夏を言い表すのにピッタリな表現です。

hotは人に対して「セクシー」と言いたいときにも使えます。

日本でいうと、5月くらいの心地よい陽気を表すフレーズです。

親切な人を形容するときにwarmと言うこともあります。

日本でいうと、秋頃の気候に使うことが多く、不快さはありません。

coolは「かっこいい」という意味でも使います。

coolより主観的で、話者が不快に思っていることが多いです。

人の態度に対しても使え、その場合は「冷淡な」というネガティブな意味になります。

chillyよりも寒さが厳しく、日本の冬を表すのにピッタリな語です。

「非情な」という意味で人の性格に対して使うことがあります。

It's freezing cold.としても同じ意味になります。元々freezeは「凍る」という動詞です。「凍りつくほど寒い」という比喩的な表現です。

「よそよそしい」という意味もあります。

良し悪しを表す形容詞

bad
悪い

inferior
劣った

awful
すさまじい、ひどい

appalling
ぞっとする

terrible
ひどい、非常に悪い

dreadful
おそろしい

outrageous
非道な、極悪な

horrendous
おそろしい、ものすごい

atrocious
甚だしい、ひどい

悪

the worst
最悪

良し悪しを表す語は、話を聞いてリアクションをするときや誰かを褒めるときなど、様々なシーンで使えます。いつも Good. や Bad. で済ませずに、Amazing!, Awful! など、感情を込めて言ってみましょう。

the best
最高

phenomenal
驚くべき、驚異的な

unbelievable
信じられない、すごい

incredible
信じられない、驚くべき

amazing
驚くべき、すばらしい

excellent
優秀な、すぐれた

awesome
すごい、やばい

wonderful
すばらしい、素敵な

great
すごい

good
良い

良

1 名詞

2 動詞

3 助動詞

4 形容詞

5 副詞

6 前置詞・接続詞

味を表す形容詞

sweet
甘い

似た意味の語

sugary
甘ったるい

luscious
甘美な

syrupy
シロップのように甘い

sour
酸っぱい

似た意味の語

vinegary
酢のような

tart
酸味の強い

tangy
ピリッとする

いきいきと味を表現できたら食卓での会話が一気に弾むはず。まずは基本の sweet, sour, salty, hot をインプットしてから語彙数を増やしていくのがオススメです。完全な文で話さなくても、Hot! などと単語を言うだけで十分に伝わります。

1 名詞

2 動詞

3 助動詞

4 形容詞

5 副詞

6 前置詞・接続詞

salty
しょっぱい

似た意味の語

savory
塩のきいた

briny
塩辛い

brackish
塩気のある（不味い）

hot
辛い

似た意味の語

spicy
スパイスのきいた

peppery
胡椒のきいた

pungent
ピリ辛の

他にも bitter（苦い）、rich（濃厚な、ワインなどのコクがある）などの表現があります。単に great, delicious と感想を言うよりも具体的に味を述べたほうが、良いコミュニケーションになるのでぜひ覚えておきましょう。

かわいい／きれい

「かわいい」や「きれい」 を表す形容詞

赤ちゃん、子犬、子コアラなど

cute
かわいい

The koala is so cute when he sleeps!

そのコアラは寝ているときとても
かわいい！

adorable
(≒ very cute)
とてもかわいい

She came in with an adorable koala.

彼女はとてもかわいらしいコアラ
と一緒に来た。

日本語の「かわいい」と「きれい」に違いがあるように、cute と pretty にも違いがあります。さらに cute, pretty を強調したいときにピッタリな単語もあるのでぜひ覚えてくださいね。

美人、星空、海、着物、桜など

pretty
きれい

She is tall and pretty.
彼女は背が高くてきれいだ。

▼

beautiful
(≒ very pretty)
とてもきれい、美しい

The sunset was beautiful.
日没が美しかった。

1 名詞

2 動詞

3 助動詞

4 形容詞

5 副詞

6 前置詞・接続詞

反対の意味を持つ形容詞

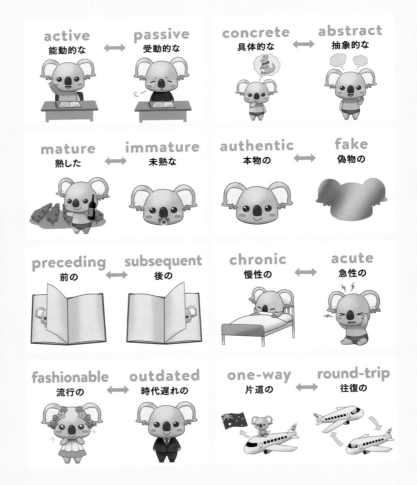

active 能動的な ⟷ passive 受動的な

concrete 具体的な ⟷ abstract 抽象的な

mature 熟した ⟷ immature 未熟な

authentic 本物の ⟷ fake 偽物の

preceding 前の ⟷ subsequent 後の

chronic 慢性の ⟷ acute 急性の

fashionable 流行の ⟷ outdated 時代遅れの

one-way 片道の ⟷ round-trip 往復の

対義語をセットで覚えると、効率的に語彙を増やすことができます。新しい形容詞を覚えたら、必ず対義語も調べる癖をつけておくと、表現の幅がどんどん広がりますね。

professional 専門の ⟷ amateur 素人の

foreign 海外の ⟷ domestic 国内の

public 公の ⟷ private 個人の

rough 粗い ⟷ smooth 滑らかな

true 本当の ⟷ false 偽りの

urban 都会の ⟷ rural 田舎の

cheap 安い ⟷ expensive 高い

deep 深い ⟷ shallow 浅い

1 名詞

2 動詞

3 助動詞

4 形容詞

5 副詞

6 前置詞・接続詞

より強い意味となる形容詞

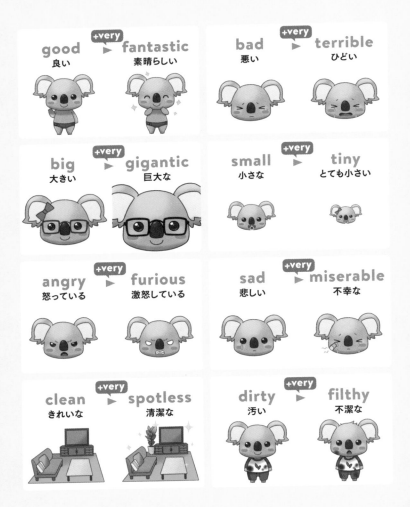

good 良い +very ▶ fantastic 素晴らしい

bad 悪い +very ▶ terrible ひどい

big 大きい +very ▶ gigantic 巨大な

small 小さな +very ▶ tiny とても小さい

angry 怒っている +very ▶ furious 激怒している

sad 悲しい +very ▶ miserable 不幸な

clean きれいな +very ▶ spotless 清潔な

dirty 汚い +very ▶ filthy 不潔な

強調する際、〈very ＋形容詞〉を使いがちですが、ただ very をつけるだけではなく別のより強調する形容詞に置き換えると、表現の幅が広がります。例えば、good だとただ単に「良い」という意味ですが、fantastic と言えば very good と同等の意味になり、1語で置き換えることができます。この項目ではそんな形容詞を集めました。

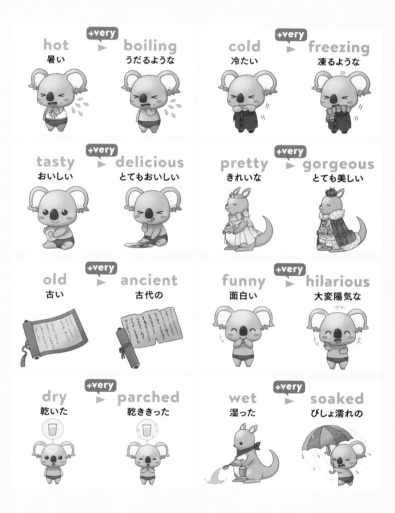

hot　+very　▶　boiling
暑い　　　　うだるような

cold　+very　▶　freezing
冷たい　　　凍るような

tasty　+very　▶　delicious
おいしい　　　とてもおいしい

pretty　+very　▶　gorgeous
きれいな　　　とても美しい

old　+very　▶　ancient
古い　　　　古代の

funny　+very　▶　hilarious
面白い　　　大変陽気な

dry　+very　▶　parched
乾いた　　　乾ききった

wet　+very　▶　soaked
湿った　　　びしょ濡れの

1 名詞

2 動詞

3 助動詞

4 形容詞

5 副詞

6 前置詞・接続詞

big / large の違い

big
主観的に大きい
（自分にとって大きい）

This is a big T-shirt.

これは私にとって大きいTシャツだ。

big には「大きい」の他に「重要な」という意味もあります。
This is a big event!（大規模 / 重要なイベントだ！）
This is a large event!（大規模なイベントだ！）

big, large はどちらも「大きい」と習った方も多いと思いますが、その違いを
きちんと説明できますか? 日本語にはない感覚なので少し難しいですが、ど
ちらも日常会話でよく出てくる単語なので、きちんと確認しておくといいですよ。

large
客観的に大きい
(一般的に見て大きい)

This is a large T-shirt.
これは大きい(サイズの)Tシャツだ。

「大金」は a big amount of money よりも a large amount of money と言うほう
が自然です。ただし big money で「大金」という意味もあります。

1 名詞

2 動詞

3 助動詞

4 形容詞

5 副詞

6 前置詞・接続詞

4-10 小さい

small / little / tiny の違い

small

小さい

little

小さい＋かわいい

tiny

小さい＋とても

small, little は基本的な単語ですが、どちらも単に「小さい」と覚えている方もいると思います。ここで違いをきちんと押さえると同時に、ワンランク上の tiny のニュアンスも学んで語彙を増やしてみましょう！

I'm a **small** koala.
私は、小さいコアラだ。

大きさや量、程度が小さいことを表す最も一般的な語です。

I'm a **little** koala.
私は、小さくてかわいいコアラだ。

単に「寸法が小さい、量が少ない」という意味だけではなく、「重要性が低い」といった意味で用いることもあります。

I'm a **tiny** koala.
私は、とても小さいコアラだ。

very small とほぼ同義で、小柄な人や、量が本当に少ないものを指して使う語です。

1 名詞

2 動詞

3 助動詞

4 形容詞

5 副詞

6 前置詞・接続詞

happy / glad の違い

happy
幸せ、満足・満たされた気持ち

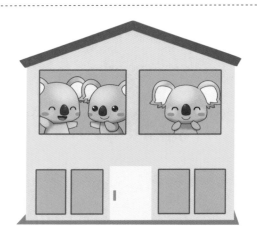

Do you remember those happy days?
幸せな日々を覚えていますか？

自分の願いが叶えられて満足な気持ちを表します。上記の例文は継続的な幸せを表していますが、I'm happy about it.（それは嬉しい）など、一時的な幸せを表す場合もあります。

happy と glad は、同じような意味で使われることがあるので完全に同義と考えがちですが、実はニュアンスが違う場合も。この微妙な差を把握して使い分けられたら、上級者への第一歩につながります！

glad
嬉しい、感謝・ホッとした気持ち

The koala seems glad to see the kangaroo.
コアラはカンガルーと会えて嬉しそうだ。

sad（悲しみ）の対義語としての「喜び」を表す語です。継続的・一時的どちらの幸せも表すことができる happy とは異なり、一時的な喜びのみを表します。よって、「幸せな生活」と言いたいときには a glad life と言うことはできず、a happy life が正解です。

1 名詞

2 動詞

3 助動詞

4 形容詞

5 副詞

6 前置詞・接続詞

wide / broad の違い

wide
端から端までの幅が広い
（一方から他方までの範囲が明確なもの）

wide street	幅の広い道路
wide river	幅の広い河川
wide angle	広角
wide area	広い地域

street, river などは wide, broad 両方使えますが、broad street, broad river を使うときはどこからどこまでというより、広々とした道路／河川という意味合いが含まれます。

wide と broad はどちらも「広い」と訳され、同じように使われることもあります。しかし厳密にいえば違いがあるのです。解説とコアラのイラストで、それぞれのニュアンスをつかんでいきましょう。

broad
遮りがなく幅が広い
（明確な範囲がないもの、抽象的・概念的なもの）

broad-minded　　　広い心を持った

broad discussion　　幅広い議論

broad perspective　　広い視点

broad description　　幅広い記述

broad は broad shoulders（広い肩）という使い方もあります。この場合の broad は概念的な力強さを表現していると言われています。

1 名詞
2 動詞
3 助動詞
4 形容詞
5 副詞
6 前置詞・接続詞

right / correct の違い

right
道徳的・常識的に正しい
（決まった答えがないもの）

🐭 : **What do you think I should do?**
私はどうすればいいと思う？

🐨 : **There is more than one right answer to this question.**
この質問への正しい答えは1つじゃないよ。

特に、道徳的・常識的・習慣的に定められた基準に合致する正しさを指します。

right answer と correct answer は、両者共に「正しい答え」という意味です。では何が違うのでしょうか。微妙なニュアンスの差をご説明しますね。

correct
絶対的に正しい
（決まった答えがあるもの）

🐨 : Can you solve this math problem?
　　この数学の問題できる？

🐰 : Sure, I can show you how to get the correct answer!
　　もちろん、正しい答えの求め方を教えてあげる！

correct のほうが「誤りのないこと」という意味合いが強い点を押さえておきましょう。

1 名詞
2 動詞
3 助動詞
4 形容詞
5 副詞
6 前置詞・接続詞

difficult / hard の違い

difficult
知識的・技術的に難しい

We passed a very difficult entrance exam.
私たちはとても難しい入学試験に合格した。

会話だけでなく、新聞等の書き言葉でも使用するやや堅い語です。

difficult, hard はどちらも「難しい」という意味がありますが、使い分けの
ポイントがわからないという方も多いのではないでしょうか。「どういう理由で、
どのように」難しいのか考えると、きちんと使い分けられるようになりますよ。

hard
物理的・精神的に難しい

Climbing a tree is hard for me.
木に登ることは私にとって難しい。

difficult に比べてややカジュアルな語です。

1 名詞

2 動詞

3 助動詞

4 形容詞

5 副詞

6 前置詞・接続詞

quiet / silent の違い

quiet
余計な音がしない
（音声レベルが低い状態）

The koala is quiet.

コアラはおとなしくしている。

騒音はないものの、多少の物音はある状態を言います。

辞書を引くと、どちらも「静かな」と出てくる quiet と silent。実際のところはどう違うのかを解説します。silent は「サイレント映画」など日本語化しているので、そのイメージを持って解説を読むと理解しやすいかもしれません。

silent
完全に無音の
（音声レベルがゼロの状態）

1 名詞

2 動詞

3 助動詞

4 形容詞

5 副詞

6 前置詞・接続詞

私語厳禁

The koala is silent.
コアラは黙っている。

無音の状態という意味から、転じて「音信不通で」という意味で使うこともあります。

sick / ill の違い

sick
体調が悪い

The koala drank too much. He feels sick.

コアラは飲みすぎて気持ち悪い。

「具合が悪い」は I'm sick. と言えば OK。sick はイギリス英語だと「嘔吐する」という意味もありますが、アメリカでは「嘔吐する」という意味は通じません。

体調不良を表す単語に sick と ill がありますが、もちろんこれらにも使われ方に違いがあります。ここでは、アメリカ英語でのニュアンスの違いをご紹介します。

ill
重病の

The koala is ill with the flu.

コアラはインフルエンザにかかっている。

イギリスでは「体調が悪い」と言うときに sick の代わりに ill を使うことも多く、I feel a little ill.（少し体調が悪い）という表現もよく聞きます。

1 名詞
2 動詞
3 助動詞
4 形容詞
5 副詞
6 前置詞・接続詞

all / every / each の違い

all
すべての〜
（全体を1つのまとまりとして述べる）

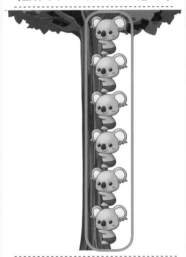

All koalas are climbing the tree.

すべてのコアラがその木に登っている。

every
どの〜も
（1つ1つを意識しながら述べる）

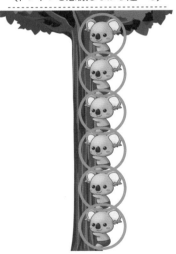

Every koala is climbing the tree.

どのコアラもその木に登っている。

all, every, each を「全部」、「みな」、「それぞれ」など辞書どおりの意味で丸暗記するだけだとイメージがつかみにくいですよね。イラストを頭に焼きつけて、アウトプットの際に役立ててください。

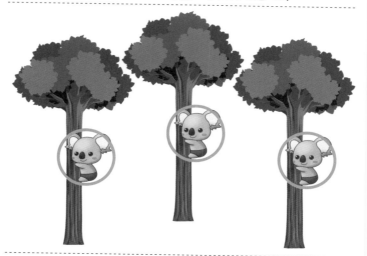

each
それぞれの〜
（1つ1つを強調して個別のものとして述べる）

Each koala is climbing a different tree.

それぞれのコアラが違う木に登っている。

all には複数名詞が続き、every と each には単数名詞が続く点にも注意しましょう。

1 名詞
2 動詞
3 助動詞
4 形容詞
5 副詞
6 前置詞・接続詞

4-18 全部の

all / whole / entire
の違い

all
（複数を指して）
すべての

The koala made all (of) the cakes.
コアラは、このすべてのケーキを作った。

whole
（1つを指して）
まるごと
すべての

The koala made the whole cake.
コアラは、ケーキをまるまる1個作った。

entire
（1つを指して）
欠けることなく
全体の

The koala made the entire cake.
コアラは、ケーキを欠けることなくまるまる1個作った。

ここでは「すべての」といった意味になる3つの形容詞を比べてみます。whole と entire はニュアンスの違いを理解するのがやや難しいですが、頑張って押さえておきましょう！

The kangaroo ate all (of) the chicken.

カンガルーは、チキンをすべて食べた。

複数あるものに対して、まとめて述べるときに使います。all＋名詞の形で使う場合は all は形容詞、all of＋名詞の形で使う場合は all は代名詞、of は前置詞となります。

The kangaroo ate the whole chicken.

カンガルーは、チキンをまるごとたいらげた。

数量・範囲などに対して、その全体を分けずまとまったものとして述べるときに使います。そっくり全部というニュアンスです。

The kangaroo ate the entire chicken.

カンガルーは、チキンを少しも残さずたいらげた。

whole とほぼ同じ意味ではありますが、whole よりあらたまった語でより強調している度合いが強いです。全部であって欠けるものがないというニュアンスです。

1 名詞
2 動詞
3 助動詞
4 形容詞
5 副詞
6 前置詞・接続詞

複数の形容詞を並べる順番

先

感覚

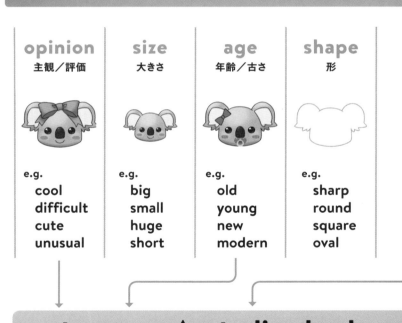

opinion 主観／評価	size 大きさ	age 年齢／古さ	shape 形
e.g. cool difficult cute unusual	e.g. big small huge short	e.g. old young new modern	e.g. sharp round square oval

cute young Australian koala

〈形容詞＋名詞〉の語順で、形容詞が名詞を詳しく説明しますが、このときの形容詞は1つとは限りません。2つ以上の形容詞を使うときには語順で迷いがち。そんなときには図を見てスッキリ解決しましょう。

後

事実

color	origin	material	purpose
色	出身	材質	目的

e.g.	e.g.	e.g.	e.g.
red	Australian	wooden	walking
blue	Thai	metallic	climbing
orange	Asian	paper	shopping
bright	American	cotton	running

若くてかわいいオーストラリア生まれのコアラ

他の例　small blue bag　　小さな青い鞄
　　　　beautiful red rose　美しい赤いバラ

日本人が間違えやすい形容詞

強い雨	⭕ heavy rain ❌ strong rain	
青信号	⭕ green light ❌ blue light	
黒い目	⭕ brown eyes ❌ black eyes	
高い鼻	⭕ long nose ❌ high nose	
退屈な映画	⭕ boring movie ❌ bored movie	

ここでは〈形容詞＋名詞〉の表現で、特に日本人が苦手なものを紹介します。直訳すると間違えやすいので、日本語に引っ張られないようにするのがポイントです。

| 混雑した通り | ○ busy street
✗ crowded street |  |

| ひどい痛み | ○ bad pain
✗ hard pain | |

| 硬い肩甲骨 | ○ stiff shoulder blades
✗ hard shoulder blades | |

| 安い給料 | ○ meager salary
△ cheap salary
完全に間違いというわけではありませんが、やや不自然です。 | |

| 多い人口 | ○ large population
✗ many population |  |

第 **5** 章

副詞

副詞は、動詞や形容詞など、名詞以外のものを修飾する語です。英文中に副詞がなくても文法的には問題ありませんが、副詞を加えることでより細かなニュアンスを伝えられるので、効果的に使えるといいですね。例えば、頻度を表す副詞には always（いつも）、usually（たいてい）、often（しばしば）などがありますが、その違いをきちんと理解できると表現の幅が広がります。本章では、そんな似ている副詞の違いがかわいいイラストで視覚的に理解できるようになっています。

頻度を表す副詞

100%	**always** いつも	
90%	**usually** たいてい	
80%	**frequently** 頻繁に	
70%	**often** しばしば	
50%	**sometimes** ときどき	
30%	**occasionally** たまに	
10%	**seldom** めったに〜ない	
5%	**rarely** 稀にしか〜ない	
0%	**never** 決して〜ない	

パーセンテージはイメージです。

頻度とは、物事が繰り返して起こる度合いのこと。「いつも」、「たまに」といった頻度を表す副詞を加えるだけで、具体的なイメージが湧く表現になります。日常会話でもよく使う表現なので、しっかり覚えておきたいですね。

I always climb a tree.
いつも木に登る。

I usually climb a tree.
たいてい木に登る。

I frequently climb a tree.
頻繁に木に登る。

I often climb a tree.
しばしば木に登る。

I sometimes climb a tree.
ときどき木に登る。

I occasionally climb a tree.
たまに木に登る。

I seldom climb a tree.
めったに木に登らない。

I rarely climb a tree.
稀にしか木に登らない。

I never climb a tree.
決して木に登らない。

1 名詞

2 動詞

3 助動詞

4 形容詞

5 副詞

6 前置詞・接続詞

確信度を表す副詞

～箱の中から1つ引いたら赤いコアラが当たるかな？～

definitely 絶対に（100％）	**probably** おそらく（80％）	**maybe** たぶん（50％）

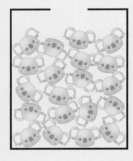  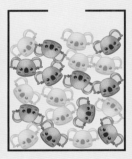

I'll definitely get a red koala.

絶対に赤いコアラが手に入る。

I'll probably get a red koala.

おそらく赤いコアラが手に入る。

Maybe I'll get a red koala.

たぶん赤いコアラが手に入る。

確信度とは、話者がどれほど疑いなく信じているかを表す度合いのこと。ここでご紹介する副詞を使うと、自分の確信度を簡単に伝えることができます。Definitely.（絶対そう）、Maybe.（たぶんね）など、受け答えするときにも使えるので便利です。

1 名詞

2 動詞

3 助動詞

4 形容詞

5 副詞

6 前置詞・接続詞

perhaps
もしかすると
（30%）

possibly
ひょっとすると
（20%）

never
決して〜ない
（0%）

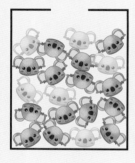

Perhaps I'll get a red koala.

もしかすると赤いコアラが手に入るかもしれない。

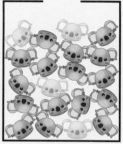

Possibly I'll get a red koala.

ひょっとすると赤いコアラが手に入る。

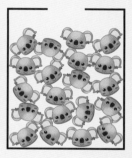

I'll never get a red koala.

決して赤いコアラは手に入らない。

maybe, perhaps, possibly は文頭（主語の前）に来ることが多いです。一方、他の語は例文の通り、〈will ＋副詞＋動詞〉の語順で使うことが多いです。

パーセンテージはイメージです。

緊急度を表す副詞

高

immediately / right now /
at once / urgently
ただちに

as soon as possible /
as soon as you can
できるだけ早く

soon / quickly
すぐに

at your earliest convenience
ご都合がつき次第

whenever you have time /
when you have time /
anytime
お時間のあるときに

slowly / without haste
ゆっくりと

低

緊急度とは、どれだけ急いでいるかを表す度合いのこと。急いでほしいときに使う緊急度の高い表現から、時間に余裕がある場合の緊急度が低い表現まで、わかりやすく順番に並べました。厳密に言えば副詞ではないものも含まれていますが、同じように使える表現なので合わせて覚えておきましょう。

Please do this task immediately.

ただちにこの仕事をしてください。

Please do this task as soon as possible.

できるだけ早くこの仕事をしてください。

Please do this task soon.

すぐにこの仕事をしてください。

Please do this task at your earliest convenience.

ご都合がつき次第、この仕事をお願いします。

Please do this task whenever you have time.

お時間のあるときにこの仕事をしてください。

Please do this task slowly.

ゆっくりとこの仕事をしてください。

> Please do this task slowly and without haste. のように slowly と without haste を一緒に使うとより自然です。

1 名詞
2 動詞
3 助動詞
4 形容詞
5 副詞
6 前置詞・接続詞

程度を表す副詞

強

too
〜すぎる

absolutely
非常に

really
本当に

so
大変

very
とても

quite
かなり

pretty
けっこう

a little
少し

barely
かろうじて

弱

hardly
ほとんど〜ない

程度とは、あるものの度合いがどれほどかを示すもの。日本語と同様に、英語でも程度を表すフレーズは多くあります。ここでは「音楽がうるさい」と言うときの程度による表現を各例文で示しています。

This music is too loud.

この音楽はうるさすぎる。

This music is absolutely loud.

この音楽は非常にうるさい。

This music is really loud.

この音楽は本当にうるさい。

This music is so loud.

この音楽は大変うるさい。

This music is very loud.

この音楽はとてもうるさい。

This music is quite loud.

この音楽はかなりうるさい。

This music is pretty loud.

この音楽はけっこううるさい。

This music is a little loud.

この音楽は少しうるさい。

This music is barely audible.

この音楽はかろうじて聞こえる。

This music is hardly audible.

この音楽はほとんど聞こえない。

1 名詞

2 動詞

3 助動詞

4 形容詞

5 副詞

6 前置詞・接続詞

5-5 距離

距離を表す副詞

The koala is here in the tree.

コアラは木のところにいる。

The kangaroo is next to the tree.

カンガルーは木の隣にいる。

近	**here** ここに	**next to** 隣に

「ここに」、「近くに」などの距離を表す表現を使いこなせたら、話がより具体的で伝わりやすい英語になります。まずは基本の here と there から押さえましょう！

1 名詞

2 動詞

3 助動詞

4 形容詞

5 副詞

6 前置詞・接続詞

The kangaroo is near the tree.
カンガルーは木の近くにいる。

The kangaroo is over there.
カンガルーはあそこにいる。

The kangaroo is far from the tree.
カンガルーは木から遠いところにいる。

near
近くに

there
あそこに

far
遠くに

遠

here, there, far は副詞ですが、next to と near は前置詞です。

5-6 順番

順番

順番を表す副詞

first
最初に

second
2 番目に

then
それから

Today's topic is about Australia's wildlife.

本日の議題はオーストラリアの野生動物についてです。

First, I'll talk about kangaroos.

最初に、カンガルーについて述べます。

Second, I'll talk about koalas.

2 番目にコアラについて話します。

Then, I'll talk about the Australian outback.

それから、オーストラリアの奥地について説明します。

プレゼンをするときはもちろん、日常会話でも何かを順序立てて説明する機会はあるはず。そんなとき、文頭に「順番を表す副詞」を入れるだけで、話の構成が伝わりやすくなるので試してみてください！ なお、second は日常会話ではなくプレゼン向きのフレーズです。

1 名詞
2 動詞
3 助動詞
4 形容詞
5 副詞
6 前置詞・接続詞

next
次に

after that
その後に

finally
最後に

Next, I'll talk about the climate in Australia.
次に、オーストラリアの気候について話します。

After that, I'll talk about koalas and kangaroos in zoos around the world.
その後に、世界中の動物園にいるコアラとカンガルーについて話します。

Finally, I'll talk about why koalas love kangaroos.
最後に、なぜコアラはカンガルーが好きなのかを話します。

also / too / as well
の違い

丁寧さ

also

普通

イギリスでは too, as well
に比べてやや堅い語です。

too

普通

as well

ややフォーマル

イギリスでは too と同じく
一般的に使われます。

「～もまた」と訳される also, too, as well の使い分けです。違いがなさそうに見えて、文中での位置やフォーマル度など明確な違いがあります。基本フレーズだからこそ手を抜かずに、この機会に整理しましょう！

語順	例文
主に **文頭・文中** で使われる	**I like playing with the kangaroo, and I also like climbing trees.** カンガルーと遊ぶのが好きだし、木に登ることも好きだ。
主に **文末** で使われる	**I like playing with the kangaroo, and I like climbing trees too.** カンガルーと遊ぶのが好きだし、木に登ることも好きだ。
主に **文末** で使われる	**I like playing with the kangaroo, and I like climbing trees as well.** カンガルーと遊ぶのが好きですし、木に登るのも好きです。

1 名詞

2 動詞

3 助動詞

4 形容詞

5 副詞

6 前置詞・接続詞

とても

so / very / such の違い

		丁寧さ
so		とてもカジュアル
very		普通
such		普通〜フォーマル

so / very / such は、あとに続く単語を強調する語としてよく知られています。しかし、意味は同じでも用法は違います。特に、それぞれのあとにどんな品詞が来るのかに注意してみてくださいね。such は形容詞ですが、so, very と比較されることが多いのでここで紹介します。

使い方	例文
後ろに名詞を取らない so + 形容詞 or 副詞	**This koala is so cute.** このコアラはめっちゃかわいいよ。 **They sing so well.** 彼らはめっちゃ歌が上手い。
後ろに名詞を取らない very + 形容詞 or 副詞	**This koala is very cute.** このコアラはとてもかわいい。 **They sing very well.** 彼らはとても歌が上手い。
後ろに名詞を取る such +形容詞 +名詞	**This is such a cute koala.** これはとてもかわいいコアラです。 **They are such good singers.** 彼らはとても上手な歌手です。

1 名詞
2 動詞
3 助動詞
4 形容詞
5 副詞
6 前置詞・接続詞

5-9 （およそ）
around / about / approximately の違い

正確

approximately
おおよそ

about
〜くらい

around
だいたい〜くらい

大雑把

「約」、「〜くらい」と訳される around, about, approximately は「どれくらい正確なのか」で区別できます。もちろん「時間」だけではなく、「人数」や「金額」などの「約」を表すこともできます。

I eat lunch at approximately 12:00.
お昼ごはんをおおよそ12時に食べる。

approximately は堅い語で、学術系の文章でよく使われます。

I eat lunch at about 12:00.
お昼ごはんを12時ごろ食べる。

日常的な使用頻度が高く「約」を表す最も一般的な語です。

I eat lunch around 12:00.
お昼ごはんをだいたい12時ごろに食べる。

around を使うときは、数字に多少の幅があり、正確さを重視していません。

around は副詞が前置詞化するので例文のように at を省くことがあります。一方で about と approximately は副詞のままなので、時刻を表す場合、時を表す前置詞 at を前に置く必要があります。

1 名詞
2 動詞
3 助動詞
4 形容詞
5 副詞
6 前置詞・接続詞

5-10 最近

recently / lately / nowadays の違い

	イメージ
recently ①過去のある時点の単発の出来事を表す ②過去から現在までの継続した出来事を表す	①  ②  過去　　　　　　　　　　　現在
lately 過去から現在までの継続した出来事を表す	 過去　　　　　　　　　　　現在
nowadays 過去と比較した最近の出来事・状況を表す	 過去　　　　　　　　　　　現在

ここでは「最近」と訳されることが多い recently, lately, nowadays のニュアンスの違いを学びましょう。現在形、過去形、完了形のうち、どの文で使うのかも大事なポイントです。しっかりチェックしてくださいね。

文法	例文
主に**過去形**の文で使われる	**I only** recently **graduated from university.** 私はつい最近大学を卒業した。
主に**完了形**の文で使われる	**We have had a lot of rain** recently**.** 最近ずっと雨が降っている。
主に**完了形**の文で使われる	**We have had a lot of rain** lately**.** 最近ずっと雨が降っている。
主に**現在形**の文で使われる	Nowadays **a lot of people travel abroad.** 最近は多くの人が海外旅行をする。

1 名詞
2 動詞
3 助動詞
4 形容詞
5 副詞
6 前置詞・接続詞

sometime / some time / sometimes の違い

	同義語
sometime いつか （未来）	≒ someday
some time しばらく （時間の幅）	≒ a while
sometimes 時々 （頻度）	≒ occasionally

sometime / some time / sometimes は、見た目がそっくりなのに意味は全く違うので注意しましょう。それぞれ他の単語やフレーズに言い換えることもできます。sometime と sometimes は副詞ですが、some time は名詞になります。

例文

I'm going to Sydney sometime next year.
来年のいつかシドニーへ行く予定だよ。

Let's get together sometime soon.
近いうちに会おうよ。

I've been living in Tokyo for some time now.
今では、しばらくの間、東京に住んでるよ。

I need to find some time to study English.
英語を勉強する時間を作らなきゃ。

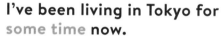

I sometimes climb a tree.
時々木に登るよ。

The kangaroo really drives me crazy sometimes.
たまにカンガルーに本当にイライラしちゃうんだよね。

sometimes については、p.172 もご参照ください。

1 名詞

2 動詞

3 助動詞

4 形容詞

5 副詞

6 前置詞・接続詞

5-12 複数の対象

both / either / neither の違い

対象が 2 つのとき		
すべて ○	**both A and B** AとBどちらも	 **Both** the koala **and** the kangaroo are in the park. コアラとカンガルーのどちらも公園にいる。
1つ だけ ○	**either A or B** AかBどちらか	 **Either** the koala **or** the kangaroo is in the park. コアラかカンガルーのどちらかが公園にいる。
すべて ×	**neither A nor B** AもBも〜でない	 **Neither** the koala **nor** the kangaroo is in the park. コアラもカンガルーも公園にいない。

複数の対象に対して「すべて」、「1つだけ」、「すべて〜でない」と伝えるときに便利なフレーズを紹介します。学校で習ったものもあると思いますが、それぞれの違いをイラストできちんと整理しておきましょう！

対象が3つ以上のとき

1 名詞

2 動詞

3 助動詞

4 形容詞

5 副詞

6 前置詞・接続詞

all (of) A
すべてのA

All (of the) koalas are in the park.
すべてのコアラが公園にいる。

one of A
Aのうち1つ

One of the koalas is in the park.
コアラのうち1頭が公園にいる。

none of A
どのAも〜でない

None of the koalas are in the park.
どのコアラも公園にいない。

特に neither A nor B（AもBも〜でない）と none of A（どのAも〜でない）には注意しましょう。2つの文には not が入っていませんが、それぞれ nor（否定を表す接続詞）と none（否定を表す代名詞）が入っているので否定文になります。また、neither はアメリカだと [níːðɚ]（ニーザァのような音）、イギリスだと [náiðə]（ナイザァのような音）と発音します。

only の位置により
意味が変化する英文

only の意味は「〜だけ」ですが、only は文中のいろいろなところに入れることができます。そして直後の単語にかかるため、入る位置によって文の意味が変わります。

Only the kangaroo told me that she loved me.
そのカンガルーだけが私を愛していると私に伝えた。

The only kangaroo told me that she loved me.
ただ1頭のそのカンガルーが私を愛していると私に伝えた。

The kangaroo only told me that she loved me.
そのカンガルーは私を愛していると私に伝えただけだった。

The kangaroo told only me that she loved me.
そのカンガルーは私を愛していると私にだけ伝えた。

The kangaroo told me only that she loved me.
そのカンガルーは私を愛しているということだけを私に伝えた。

The kangaroo told me that only she loved me.
そのカンガルーは彼女だけが私を愛していると私に伝えた。

The kangaroo told me that she only loved me.
そのカンガルーは私を愛しているだけだと私に伝えた。

The kangaroo told me that she loved only me.
そのカンガルーは私だけを愛していると私に伝えた。

外国人が絶望する日本語

日本語を勉強中の外国人にとって特に難しい日本語を紹介します。日本語は同じ言葉でも正反対の意味で使われることもあるため、日本語を勉強中の外国人は戸惑うことも多いようです。外国の友達とスモールトークをするときのネタとしても使えます。

大丈夫

大丈夫＝It's OK.
大丈夫＝I'm good.
大丈夫＝That's fine.
大丈夫＝I'm all right.
大丈夫＝No problem.
大丈夫＝Don't worry.
大丈夫＝No thank you.

全然大丈夫じゃ
ないね…

お疲れ様

お疲れ様＝Hello.
お疲れ様＝Cheers.
お疲れ様＝See you.
お疲れ様＝Good job.
お疲れ様＝Thank you.
お疲れ様＝You made it.
お疲れ様＝How are you?

日本語勉強中の皆さん、
本当にお疲れ様です…

どうも

どうも＝Hi.
どうも＝Hello.
どうも＝Sorry.
どうも＝Thanks.
どうも＝Somehow.
どうも＝Good to see you.
どうも＝Nice to meet you.

これはどうも困った
言葉だな…

ヤバい

ヤバい＝Cool.
ヤバい＝Cute.
ヤバい＝Terrible.
ヤバい＝Too bad.
ヤバい＝Beautiful.
ヤバい＝Awesome.
ヤバい＝Dangerous.

これはマジで
ヤバいね…

第**6**章

前置詞・
接続詞

最後は前置詞と接続詞を学びます。前置詞とは名詞や代名詞の前に置いて、名詞が文の中でどのような働きをしているのか、また、他の語とどのような関係にあるのかを表すもの。接続詞とは語と語や文と文をつなげる接着剤のような役割を果たすものです。特に、前置詞に関しては辞書的な意味を暗記するよりも、各前置詞のイメージを捉えることが非常に大切です。p.200 ～ 205 のイラストを見ればそれぞれの持つ意味をスッキリ理解できるはず。それでは最後までこあたん・るーたんと一緒に頑張りましょう！

前置詞のイメージ1

in / inside

空間内

The koala is in/inside the box.

コアラは箱の中にいる。

on

接触

The koala is on the box.

コアラは箱の上にいる。

at

点

The koala is at the station.

コアラは駅にいる。

opposite

反対

The koala is opposite the kangaroo.

コアラがカンガルーの反対側にいる。

in と inside：in は場所・季節・期間など広がりのある中にいることを表すのに対して、inside は境界線の
はっきりした囲まれたものの内部を示します。

前置詞は「名詞の前に置く詞」という意味です。前置詞は種類が多く、どれも多義語なので苦手な方も多いと思います。それぞれの前置詞の主なイメージをイラストでまとめましたので、楽しみながらインプットしていきましょう！

near

近く

The koala is near the box.

コアラは箱の近くにいる。

next to / by / beside

近接

The koala is next to/by/beside the box.

コアラは箱の隣［そば］にいる。

around

まわり

Several koalas are around the box.

コアラが何頭か箱のまわりにいる。

against

反発

The koala is sitting against the box.

コアラは箱に寄りかかって座っている。

near と next to と by と beside：near は far(遠く) の対義語としての「近く」、next to は「隣」、by は方向を限定しない「そば」、beside は横 (左右) を意味する「そば」に使います。

1 名詞
2 動詞
3 助動詞
4 形容詞
5 副詞
6 前置詞・接続詞

前置詞のイメージ2

among

中

The koala is among some boxes.

コアラはいくつかの箱の中にいる。

between

間

The koala is between two boxes.

コアラは2つの箱の間にいる。

over

上に、覆って

The kangaroo jumped over the box.

カンガルーは箱を飛び越えた。

under

（真）下に

The koala is under the box.

コアラは箱の下にいる。

over と above：意味はほとんど一緒ですが、over のほうが「広がりのある上」を表し、例えば飛行機が頭上を飛んでいるときは over が好まれます。over には「〜を覆って」の意味もあります。above は上下の関係のみに重点を置いています。

in front of

前

The koala is in front of the box.

コアラは箱の前にいる。

behind

後

The koala is behind the box.

コアラは箱の裏にいる。

above

上

The koala is above the box.

コアラは箱の上にいる。

below

下

The koala is below the box.

コアラは箱の下にいる。

under と below：under は「〜の下に」を表す最も一般的な語で、上のものと接触していても離れていても使えます。below は「間隔が離れた下」を表すことが多く、例えばビルの上の階に対する地下や山頂に対する谷底など大きいスケールでの下を示します。

1 名詞
2 動詞
3 助動詞
4 形容詞
5 副詞
6 前置詞・接続詞

前置詞のイメージ3

into

〜の中へ

The koala went into the box.

コアラは箱の中に入った。

out of

中から外へ

The koala went out of the box.

コアラは箱から出た。

onto

〜の上へ

The kangaroo jumped onto the box.

カンガルーは箱の上に飛び乗った。

off

離れて

The kangaroo jumped off the box.

カンガルーは箱から飛び降りた。

toward

向かう

The koala walked toward the box.

コアラは箱のほうに向かって歩いた。

away from

離れる

The koala walked away from the box.

コアラは箱から離れて行った。

up

上がる

The kangaroo went up the stairs.

カンガルーは階段をのぼった。

down

下がる

The kangaroo went down the stairs.

カンガルーは階段をおりた。

1 名詞

2 動詞

3 助動詞

4 形容詞

5 副詞

6 前置詞・接続詞

時間・場所を表す at / on / in の違い

狭

at

on

in

広

ここでは数多くある前置詞のなかで、時間・場所を表すものに絞って解説します。個別に例文にあたるよりも、3つまとめて図で整理したほうが理解・定着しやすいです。自信がある方もおさらいとしてぜひ！

時間	場所

時刻

at **1 a.m.**
at **2 o'clock**
at **3 p.m.**

（時計で表せる）

住所・特定場所

at **123 Shibuya**
at **the restaurant**
at **the shop**

（点）

日付

on **July 1st**
on **Monday**
on **the weekend**

（カレンダーに書き込める）

通り

on **Yoyogi Street**
on **Ueno Avenue**
on **the corner**

（線）

月・年・世紀

in **May**
in **2020**
in **the 1900s**

（年間スケジュール・年表）

町・州・国

in **Perth**
in **Queensland**
in **Australia**

（面）

1 名詞
2 動詞
3 助動詞
4 形容詞
5 副詞
6 前置詞・接続詞

乗り物による on / in の使い分け

on を使う乗り物
① 中で動き回れる（大きい）
② 切符を買う・公共交通機関
③ 体がむき出し・跨いで乗る

---

plane

train

bus

bike

I'm on the plane.
飛行機に乗っている。

「（特定の乗り物）に乗っている」と言うときに、前置詞の on を使うこともあれば、in が適切なこともあります。ネイティブは、乗り物によって前置詞を使い分けているようです。そのルールを見ていきましょう。

in を使う乗り物

①狭い中で座ったまま（小さい）
②時刻表が存在しない
③行先が自由に決められる

car

truck

taxi

helicopter

I'm in the car.

車に乗っている。

1 名詞

2 動詞

3 助動詞

4 形容詞

5 副詞

6 前置詞・接続詞

6-6 ~へ
to / for の違い

to
方向＋到着
（到達したことまでを表す）

The kangaroo went to NYC.

カンガルーはニューヨークへ行った。

（到着したことも示す）

The koala applied to the company.

コアラはその会社に応募した。

（応募自体は必ず会社に届く）

to と for はそれぞれ多くの意味を持ちます。ここでは「〜へ、〜に」といった方向や対象を表す意味に絞って、両者の使い分けを学んでいきましょう。何となく混同して使っていた方もイラストを見ればスッキリするはず！

for
方向のみ
（到着するかどうかは不明）

The kangaroo left for NYC.
カンガルーはニューヨークへ向けて出発した。
（到着したかどうかは不明）

The koala applied for the job.
コアラはその仕事に応募した。
（仕事が手に入るかどうかは不明）

1 名詞

2 動詞

3 助動詞

4 形容詞

5 副詞

6 前置詞・接続詞

by / with の使い分け

by ＋名詞

---

①手段に対して用いる
（交通手段、連絡手段など）

I go to school by bus.
バスで学校へ行きます。

---

②動名詞に対して用いる

I learned Japanese by watching cartoons.
アニメで日本語を学んだ。

by と with の使い分けを紹介します。見かけの違いとして後に続く名詞の冠詞の有無がありますが、冠詞とは a[an] / the のことでしたね。特に〈by ＋乗り物〉は頻出です。

with ＋冠詞＋名詞

①道具に対して用いる
（自分の意志で操れるもの）

I cut this apple with a knife.

私はナイフでこのリンゴを切った。

②身体の一部に対して用いる

She pointed to it with her finger.

彼女はそれを指で示した。

②の例文には冠詞が付いていませんが、これは所有限定詞 her が付いているからです。このように、所有限定詞（my, your, his, her など）と冠詞（a, an, the）は同時に使えないという点も覚えておきましょう。

1 名詞
2 動詞
3 助動詞
4 形容詞
5 副詞
6 前置詞・接続詞

〜まで

by / until の違い

by
〜までに
（期限）

期限

I have to finish this report by Friday.
金曜日までにこのレポートを仕上げなきゃ。

ずっと継続してレポートに取り組むという意味ではなく、金曜日までに仕上がっていれば OK ということを意味します。

「〜まで」と教わる by と until は、実際に意味することは全く違うので要注意です。それぞれ「〜までに」「〜までずっと」と覚えておけば混同することはなくなりそうですね。

1 名詞

2 動詞

3 助動詞

4 形容詞

5 副詞

6 前置詞・接続詞

until
〜までずっと
（継続）

今日　　　　　　　　　　　　　　　　　　金曜

We'll stay in this hotel until Friday.
私たち、金曜日までこのホテルに泊まるよ。

チェックインした日から金曜日まで家に帰ることなくホテルに泊まることを意味します。till は until とほぼ同義語ですが、till の方がカジュアルで口語的です。

〜の間に

between / among の違い

between
2つ（人）の間

The train will run between Sydney and Brisbane.
その電車はシドニーとブリスベンの間を走る。

between の後には and で結ばれた 2 つの名詞が続きます。

between と among は「～の間で」と訳語は一緒ですが、実際の意味は大きく異なります。その違いはいたってシンプル！イラストを見れば一目瞭然です。例文も読み込んで理解を深めましょう。

among
3つ（人）以上の間

He is a popular koala among the teenagers.
彼は10代の間で人気があるコアラだ。

among の後には複数形が続きます。

1 名詞

2 動詞

3 助動詞

4 形容詞

5 副詞

6 前置詞・接続詞

during / while の違い

during ＋名詞
（前置詞）

I fell asleep during the train ride.
電車に乗っている間に寝てしまった。

I had a stomachache during the meeting.
会議中、お腹が痛かった。

during と while は両方「〜の間に」と訳されますが、実は品詞が違います。品詞が違うと当然、文の作りが異なります。「それぞれの語のあとに何が続くのか」がキーとなるので解説を読んで理解していきましょう。

while ＋文

（接続詞）

I fell asleep while I was on the train.
電車に乗っている間に寝てしまった。

I had a stomachache while I was in the meeting.
会議に出席している間、お腹が痛かった。

1 名詞
2 動詞
3 助動詞
4 形容詞
5 副詞
6 前置詞・接続詞

in time / on time の違い

in time
時間内に
（期限より前に）

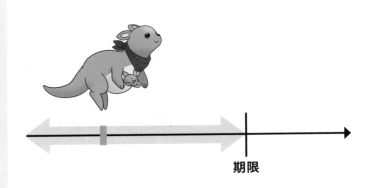

期限

The kangaroo arrived in time.
カンガルーは時間内に到着した。

just in time で「ギリギリで間に合って」という意味になります。

in time と on time は 1 語違うだけなのに意味が大きく違います。in は「中」、on は「接触」のイメージでとらえましょう（p.200 を参照）。時間は目に見えない概念ですが図で理解するとわかりやすいはずです。

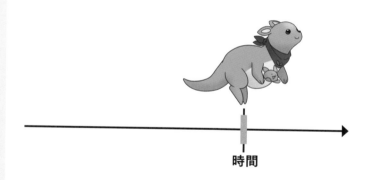

on time
時間通りに
（ちょうどその時間に）

時間

The kangaroo arrived on time.
カンガルーは時間通りに到着した。

1 名詞

2 動詞

3 助動詞

4 形容詞

5 副詞

6 前置詞・接続詞

in front of / in the front of の違い

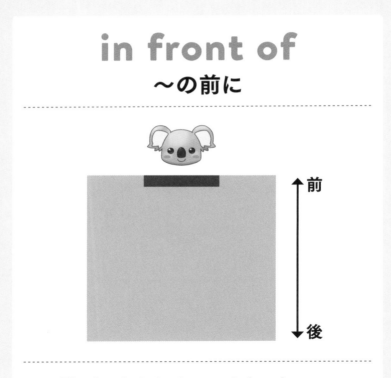

in front of
～の前に

前

後

The koala is in front of the classroom.
コアラは教室の前にいる。

教室の中ではなく、教室を出てすぐのところを指します。

in front of は定番の前置詞表現として普段から使っている方が多いはず。
これに in the front of と1語加えるだけで意味が違ってきます。図を見な
がら例文を読んで位置関係を押さえましょう。

in the front of
〜の前の方に

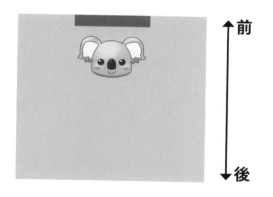

前

後

The koala is in the front of the classroom.
コアラは教室の前の方にいる。

教室の中の前方を指します。実際 the は弱く発音されがちでわかりづらいので、曖昧な
ときは遠慮なく聞き返して OK です。

1 名詞

2 動詞

3 助動詞

4 形容詞

5 副詞

6 前置詞・接続詞

as far as / as long as の違い

as far as
〜に関する限り
（範囲）

As far as I know, the kangaroo is still missing.

私の知る限り、カンガルーは未だ行方不明のままだ。

The koala was surrounded by eucalyptus as far as the eye could see.

見渡す限り、コアラはユーカリに囲まれていた。

辞書を引くとどちらも「〜する限り」という訳語が載っていて、as … as の並びも一緒ということで、区別がつきにくいフレーズですよね。しかし、明確な違いがあるので、ここできちんと押さえておきましょう。

as long as
〜しさえすれば
（条件）

The koala can pass the test as long as **he studies.**
勉強しさえすれば、コアラはテストに合格できる。

I'm happy as long as **the koala's happy.**
そのコアラが幸せなら私は幸せだ。

1 名詞

2 動詞

3 助動詞

4 形容詞

5 副詞

6 前置詞・接続詞

at the end /
in the end の違い

at the end
（〜の）最後に

I have to pay rent at the end of the month.
月末に家賃を払わなくてはいけない。

There's the shop at the end of this street.
この道のつきあたりにお店がある。

at the end of 〜の形で、「〜の最後に」という意味で使われることが多いですが、at the end of the day だと「要するに、考慮してみて結局」という意味のイディオムとして使われます。

the end の前に at / in のいずれも置くことができますが意味が違うので注意しましょう。なお、end は母音の発音で始まる単語なので the は「ザ」ではなく「ジ」に近い音になります。

1 名詞

2 動詞

3 助動詞

4 形容詞

5 副詞

6 前置詞・接続詞

in the end
ついに、結局
（最終的な結末を強調）

I worked hard, and it paid off in the end.

一生懸命働いて、その結果うまくいった。

I thought about dropping out of the race, but I finished in the end.

レースから脱落しようとも考えたが、結局はゴールした。

finally や eventually と似たような意味でよく使われます。

to me / for me の違い

to me
一般的な立場や意見としての
私にとって

Eating is important to me.
私にとって食事は重要です。

「（人）にとって」と言うときは〈to ＋人〉と〈for ＋人〉の二通りがあり、「人」の部分には me や us などの目的格や、Ken などの人の名前が入ります。to と for でどんな違いがあるのか、使い分けられるようになったらネイティブの感覚に一歩近づきますよ。

for me
目的や目標を達成するための
私にとって

Eating is important for me to keep my weight.
私が体重を保つために食事は重要です。

上の例文では "for me" の後に "to keep my weight" と目的が述べられていますが、これがない場合でも、省略されているものと考えると理解しやすいです。

6-16 原料・材料

be made of /
be made into /
be made from の違い

be made of

①主語：製品
②前置詞の目的語：材料（目で見てわかる）

be made into

①主語：材料 or 原料
②前置詞の目的語：製品

製品

be made from

①主語：製品
②前置詞の目的語：原料（目で見てわからない）

be made of, be made from, be made into は、基本単語で構成されているのに使い分けが難しいフレーズ。違いをイラストにまとめましたので、ここできちんと理解しておきましょう！

The desk is made of **wood.**
その机は木で出来ている。

Wood is made into **paper.**
紙は木から作られる。

Paper is made from **wood.**
紙は木で出来ている。

1 名詞
2 動詞
3 助動詞
4 形容詞
5 副詞
6 前置詞・接続詞

材料

原料

原因・理由を表す接続詞

相手が知っている理由

日常的
に使われる
表現

since

Since it's raining,
let's go home.

雨が降っているから家に帰ろう。

堅い
表現

as

As a big typhoon is
coming, the class
was canceled.

大きな台風が近づいているため、休講になった。

学校ではどれも「なぜならば」と習うことも多いですが、それぞれニュアンスが異なるので、わかりやすく表にまとめました。日常のフランクな会話で相手が Why? と聞いてきたら、相手はもちろん理由を知りたくて聞いているので Because で答えるのがいいですね。

相手が知らない理由

because

I took a day off yesterday because **I had a headache.**
頭痛がしたので昨日休んだ。

for

Don't give up, for **tomorrow will be brighter.**
あきらめないで、明日はきっと明るいから。

1 名詞
2 動詞
3 助動詞
4 形容詞
5 副詞
6 前置詞・接続詞

逆接を表す接続詞

	丁寧さ
but	カジュアル
although	フォーマル
however	フォーマル

逆接というと難しく感じるかもしれませんが、簡単に言えば「しかし」と言いたいときの語句の使い分けです。特に but は日常会話やスマホなどでのやりとりで頻出ですので、使いこなせるようにしましょう！ however を副詞として分類している辞書もありますが、接続詞のような使い方をするのでここで紹介します。

語順	例文
文中のみ	It's sunny today, but it's too cold to swim. 今日は晴れているけど、寒すぎて泳げない。 I like bananas, but I don't like apples. バナナは好きだけど、リンゴは好きじゃないな。
文頭、文中	Although it's sunny today, it's too cold to swim. 今日は晴れていますが、寒すぎて泳げません。 I don't like apples although I like bananas. バナナは好きですが、リンゴは好きではありません。
文頭、文中、文末	It's sunny today. However, it's too cold to swim. 今日は晴れています。しかし寒すぎて泳げません。 I like bananas; however, I don't like apples. バナナは好きですが、リンゴは好きではありません。

1 名詞
2 動詞
3 助動詞
4 形容詞
5 副詞
6 前置詞・接続詞

however は、逆接の意味で使われる場合は接続詞ではなく副詞（接続副詞）となります。

道案内で使える英語表現

go straight ahead
直進する

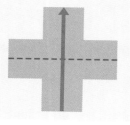

cross
渡る

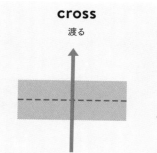

take the second left
2つ目の通りを左に曲がる

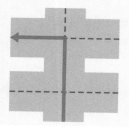

take the second right
2つ目の通りを右に曲がる

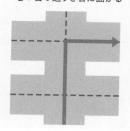

on the left
左に

on the right
右に

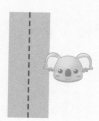

turn left
左に曲がる

turn right
右に曲がる

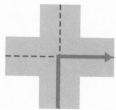

turn left onto Koala Street
コアラ通りを左に曲がる

go to the end
つきあたりまで進む

at the corner of
～の角に

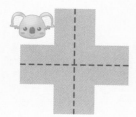

opposite
反対側の

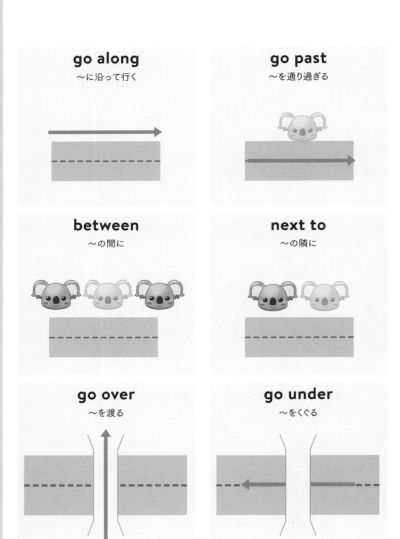

go along
～に沿って行く

go past
～を通り過ぎる

between
～の間に

next to
～の隣に

go over
～を渡る

go under
～をくぐる

Could you please tell me how to get to the Koala Hotel?

こあらホテルまでの行き方を教えていただけませんか？

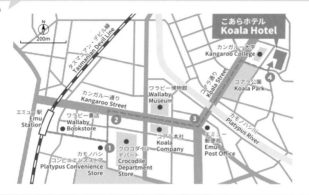

**Coming out from Emu Station, go straight and
turn left at the 5th corner.**

エミュー駅を出てまっすぐ進み、5つ目の角を左に曲がります。

**Keep going to the end of the street.
Then turn right onto Kangaroo Street.**

つきあたりまで進み、カンガルー通りを右に曲がってください。

**Go past Wallaby Museum until you reach Emu Post Office
at the corner. Then continue left onto Koala Street.**

ワラビー博物館を通り過ぎて、角のエミュー郵便局に着いたら、
こあら通りを左に進み続けます。

**Go past Koala Park, and turn right when you reach
Kangaroo College. It's on the left,
across from Kangaroo College.**

こあら公園を通り過ぎて、カンガルー大学に着いたら右に
曲がります。カンガルー大学の向かい、左手にあります。

単位早見表

oz. (オンス)	28をかける	g (グラム)
lb. (ポンド)	0.45をかける	kg (キログラム)
in. (インチ)	2.54をかける	cm (センチメートル)
ft. (フィート)	0.3をかける	m (メートル)
mi. (マイル)	1.6をかける	km (キロメートル)
sq. ft. (スクエアフィート)	0.09をかける	m² (平方メートル)
sq. ft. (スクエアフィート)	0.028をかける	坪 (ツボ)
ac. (エーカー)	0.4をかける	ha. (ヘクタール)
gal. (ガロン)	3.8をかける	ℓ (リットル)
qt. (クォート)	0.9をかける	ℓ (リットル)
pt. (パイント)	0.5をかける	ℓ (リットル)
oz. (オンス)	30をかける	mℓ (ミリリットル)
°F (華氏)	30をひいて2でわる	℃ (摂氏)

簡単に計算するための概算です。

色々な数字の数え方

2:3
two to three

1.2
one point two

0.34
zero point three four

$\frac{1}{2}$
a / one half

$\frac{2}{3}$
two thirds

$3\frac{4}{5}$
three and four fifths

3^2
three squared

4^3
four cubed

5^4
five to the power of four

23%
twenty-three percent

45℃
forty-five degrees Celsius

1993
nineteen ninety-three
（注）年を表すとき

接頭辞で覚える大きな数の数え方

1,000,000,000,000,000

↑ quadr**illion** （千兆）
↑ tr**illion** （兆）
↑ b**illion** （十億）
↑ m**illion** （百万）
↑ thousand （千）

"milli" は 1,000 を表す接頭辞

Millimeterは1mの1,000分の1だよね。
「1,000 × Thousand」だね。

"bi" は 2 を表す接頭辞

Bicycle は車輪が2つだよね。
「1,000の2乗×Thousand」だね。

"tri" は 3 を表す接頭辞

Triangle は三角形だよね。
「1,000の3乗×Thousand」だね。

"quadr" は 4 を表す接頭辞

Quadruped は四足歩行動物だよね。
「1,000の4乗×Thousand」だね。

「X時Y分前/過ぎ」の言い方

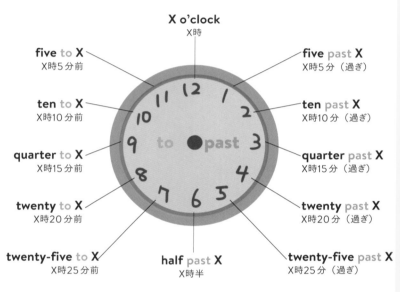

X o'clock
X時

five to **X**
X時5分前

five past **X**
X時5分（過ぎ）

ten to **X**
X時10分前

ten past **X**
X時10分（過ぎ）

quarter to **X**
X時15分前

quarter past **X**
X時15分（過ぎ）

twenty to **X**
X時20分前

twenty past **X**
X時20分（過ぎ）

twenty-five to **X**
X時25分前

twenty-five past **X**
X時25分（過ぎ）

half past **X**
X時半

to　past

pastの代わりにafter、
toの代わりにbeforeも使えるよ！

1:05-It's five past one.
1:10-It's ten past one.
1:15-It's quarter past one.
1:20-It's twenty past one.
1:25-It's twenty-five past one.
1:30-It's half past one.

1:35-It's twenty-five to two.
1:40-It's twenty to two.
1:45-It's quarter to two.
1:50-It's ten to two.
1:55-It's five to two.
2:00-It's two o'clock.

色々な感情や状態

calm
穏やかな

happy
幸せな

nervous
緊張した

annoyed
困惑した

surprised
驚いた

ashamed
恥じている

sleepy
眠い

sick
気分が悪い

confused
混乱した

relaxed
落ち着いた

angry
怒った

shy
内気な

sad
悲しい

silly
バカな

hurt
傷ついた

hungry
お腹がすいた

家族や親戚を表す英単語

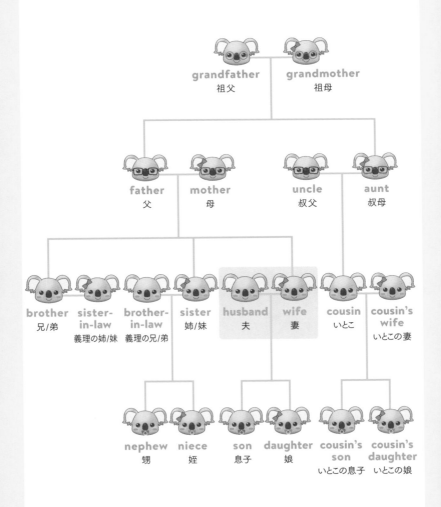

（青枠の wife から見た関係）

友人同士で使われる略語

lol
laugh out loud
ワロタ

lmao
laugh my ass off
クソワロタ

rofl
roll on floor laughing
超ウケる

asap
as soon as possible
なるはやで

wtf
What the fuck?!?
なんてこった！

btw
by the way
ところでさ

hand
Have a nice day!
良い1日を！

thx
Thanks
サンキュ！

imo
in my opinion
俺の考えでは

idk
I don't know.
わからん

ltns
Long time, no see!
久しぶりやな！

bff
best friends forever
ズッ友

brb
Be right back.
すぐ戻る

bbl
Be back later.
後で戻るね

hru
How are you?
元気？

omw
on my way
今向かっている

覚えておきたい英語の語源

接頭辞（語幹より前にくる部分）

con-
一緒に
connect つなぐ
conversation 会話

dis-
否定
disagree 同意しない
discourage 落胆させる

ex-
外に
exit 出口
export 輸出する

in-
中に
install 導入する
income 収入

in-(im-)
否定
independent 独立
impossible 不可能

inter-
間・相互に
international インターナショナル
interact 相互作用する

pre-
時間的に前に
prevent 防ぐ
predict 予測する

pro-
空間的に前へ
propose 提案する
progress 進歩

re-
再び
return 戻る
reform 改良する

sub-(sup-)
下
subway 地下鉄
support 支援する

trans-
移動・変化
transport 輸送する
translate 翻訳する

語幹

dict/log
言う
dictionary 辞書
dialogue 対話

duc
導く
conduct 行う
education 教育

form
形
conform 適合する
uniform ユニフォーム

pose
置く
suppose 仮定する
expose さらす

press
押す
pressure 圧力
impress 印象付ける

struct
積み上げる
construct 構築する
destruct 破壊する

|

tain
保つ
contain 含む
maintain 維持する

tend
伸ばす・向かう
extend 拡張する
attend 出席する

tract
引く
attract 引き付ける
distract 気を散らす

verse/vert
向きを変える
reverse 逆の
convert 変換する

vis/vid
見る
vision 視覚
evidence 証拠

-able/-ible
〜できる
portable 運べる
visible 目に見える

-er/-ist
人
manager マネージャー
scientist 科学者

-ful/-ous
〜に富む
useful 役に立つ
dangerous 危険な

-ism
〜主義
humanism ヒューマニズム
feminism フェミニズム

-logy/-ics
学問・論
biology 生物学
mathematics 数学

-less
〜がない
useless 役に立たない
harmless 無害な

-ship/-hood
〜の状態
friendship 友情
neighborhood 近所

-ion/-ment
名詞化
decision 決定
development 開発

-ic/-ive
形容詞化
economic 経済の
effective 効果的な

-ize/-en
動詞化
realize 気付く
fasten 固定する

-ly
副詞化
carefully 慎重に
happily 幸せに

索引

こあらの学校（こあらのがっこう）
オーストラリア在住のこあたんが校長の「世界中どこでも楽しく生きられる」を目指す学校。楽しく、わかりやすく英語を学べるイラストをX（旧Twitter）及びInstagramで毎日発信。大人になるまで海外経験がなく、もともとは英語に苦手意識があったこあたんだからこそわかる、英語学習者が本当に知りたいポイントを伝えている。特にXは一目で内容がわかる可愛いイラストとシュールな面白さが支持され、フォロワー数は発信開始から約1年で22万人超。
X/Instagram:@KoalaEnglish180

読^よまずにわかる　こあら式英語^{しきえいご}のニュアンス図鑑^{ずかん}

2020年11月4日　初版発行
2024年7月20日　18版発行

著者／こあらの学校^{がっこう}

発行者／山下 直久

発行／株式会社KADOKAWA
〒102-8177　東京都千代田区富士見2-13-3
電話　0570-002-301（ナビダイヤル）

印刷所／TOPPANクロレ株式会社

本書の無断複製（コピー、スキャン、デジタル化等）並びに
無断複製物の譲渡及び配信は、著作権法上での例外を除き禁じられています。
また、本書を代行業者などの第三者に依頼して複製する行為は、
たとえ個人や家庭内での利用であっても一切認められておりません。

●お問い合わせ
https://www.kadokawa.co.jp/（「お問い合わせ」へお進みください）
※内容によっては、お答えできない場合があります。
※サポートは日本国内のみとさせていただきます。
※Japanese text only

定価はカバーに表示してあります。

©Koala school 2020 Printed in Japan
ISBN 978-4-04-604568-3　C0082